O marketing e
a arte do luxo na
era da experiência

ROSANA DE MORAES

O marketing e a arte do luxo na era da experiência

e inspirações para outros segmentos

FGV EDITORA

Copyright © 2019 Rosana de Moraes

Direitos desta edição reservados à
FGV Editora
Rua Jornalista Orlando Dantas, 37
22231-010 | Rio de Janeiro, RJ | Brasil
Tels.: 0800-021-7777 | 21-3799-4427
Fax: 21-3799-4430
editora@fgv.br | pedidoseditora@fgv.br
www.fgv.br/editora

Impresso no Brasil | Printed in Brazil

Todos os direitos reservados.
A reprodução não autorizada desta publicação, no todo ou em parte,
constitui violação do copyright (Lei no 9.610/98).

Os conceitos emitidos neste livro são de inteira responsabilidade do(s) autor(es).

1ª edição: 2019; 1ª reimpressão: 2021; 2ª reimpressão: 2023; 3ª reimpressão: 2024.

Copidesque: Angela Vianna
Revisão: Fatima Caroni
Projeto gráfico de miolo e diagramação: Carolina Araújo | Ilustrarte Design
Capa: Estudio 513
Foto da capa: Marcos Vianna
Fotos do miolo: acervo da autora

Ficha catalográfica elaborada pela
Biblioteca Mario Henrique Simonsen/FGV

Moraes, Rosana de
  O marketing e a arte do luxo na era da experiência : e inspirações para outros segmentos / Rosana de Moraes. - Rio de Janeiro : FGV Editora, 2019.
  144 p.

  Inclui bibliografia.
  ISBN: 978-85-225-2129-6

  1. Marketing. 2. Marca de produtos. 3. Objetos de luxo – Consumo. 4. Luxo. 5. Comportamento do consumidor. I. Fundação Getulio Vargas. II. Título.

CDD – 658.8

A meus pais, que me ensinaram quais são
os verdadeiros luxos da vida.
A meu marido, especialista em tornar sonhos realidade.
A meus filhos, que dão mais sentido à realização
de todos os meus projetos.

AGRADECIMENTOS

A Keila Garrido, primeira leitora e revisora — e grande incentivadora.
A Edson Athayde, amigo querido que assina o prefácio deste livro.
À equipe da Editora FGV, pela confiança e suporte.
Aos demais torcedores — amigos e parentes.

SUMÁRIO

Prefácio: Um luxo só, *Edson Athayde*   11
Introdução   13

PARTE I – CONCEITOS E HISTÓRIA
  O que é luxo?   17
  O luxo através dos tempos   21
  Luxo no século XXI   25
  Motivações para a compra   33
  A marca e o luxo   39
  Segmentos do luxo   43

PARTE II – O MARKETING DO LUXO
  Sobre o marketing do luxo   47
  Política de produto   51
  Política de preço   63
  Política de distribuição (praça)   67
  Política de comunicação (promoção)   81

PARTE III – REFLEXÕES SOBRE O LUXO E ALGUNS DE SEUS SEGMENTOS
  Luxo e responsabilidade socioambiental   99
  O luxo das denominações de origem   103
  Upcycling: luxo nascido do lixo   105
  A alta-costura   107
  A joalheria   109
  A relojoaria   113

O turismo e a hotelaria	115
Os perfumes	117
As bolsas femininas	121
As coleções de moedas	125

PARTE IV – O BRASIL E O LUXO
Segmentos e marcas relevantes	129
Traços regionais	133

Conclusão	137
Bibliografia	139

PREFÁCIO: UM LUXO SÓ

A etimologia explica sempre muito as palavras, embora nunca explique tudo: "luxo" vem do latim *lux*, que significa "luz". Vem daí, mas vai além. Quando da luz faz-se brilho (não o da lâmpada, nem da vela, nem do sol, mas do charme, da beleza, da arte, do *design* e do espelho), aí, sim, temos luxo (ou estamos no bom caminho para ele).

Milênios atrás, uma grande diferenciação já tinha sido feita, quando criada a palavra *luxus*, sinônimo de "excesso", "exuberância", "profusão", "opulência". Mais um passo, e chegamos ao território da indulgência, prima irmã da luxúria, que, além de pecado, fica para outro tratado que não este. Por agora, e o tema já é imenso, ficaremos, pois, com o luxo mesmo, o tal que serve de mote para este livro de Rosana de Moraes.

Profissional experiente no marketing de produtos de luxo, Rosana demonstra bem-vindos interesse e empenho em trazer um pouco (lá está) de luz ao plano teórico sobre o assunto. Resulta disso uma obra necessária e, em muitos pontos, inédita em português. Que servirá de guia para quem estuda ou trabalha na concepção ou venda de produtos e serviços de luxo.

Os mais reacionários até podem questionar se o tema tem assim tanta relevância num país como o Brasil, marcado por problemas sociais. Pensar assim é confundir a árvore com a floresta. Negar o óbvio: que a competência dos naturais de um país em dominar determinada indústria, seja ela qual for, só pode gerar dividendos para a economia local, empregos e objetos (materiais ou intelectuais) para a exportação.

O próprio livro apresenta capítulos surpreendentes para os leigos. Um bom exemplo é aquele dedicado ao luxo e à sustentabilidade, mostrando que uma coisa não tem de ser a oposta da outra. Também destaco o capítulo que enquadra o luxo no Brasil.

Rosana tem uma escrita objetiva e de leitura fácil, sem cair no "achismo". As suas teses são devidamente justificadas por vasta pesquisa e apoiadas numa bibliografia com notável rigor científico.

Assim, espero que este livro seja adotado em escolas e departamentos de marketing do Brasil, de Portugal, Angola e Moçambique, só para citar alguns países unidos pela língua e por terem grandes recursos naturais que servem de matéria-prima para os mercados de luxo.

E, para rematar, cito uma frase de Coco Chanel: "Algumas pessoas acham que o luxo é o oposto de pobreza. Não é, é o oposto de vulgar".

Edson Athayde
CEO da FCB Portugal

INTRODUÇÃO

O luxo tem acompanhado o homem ao longo da história, seja ele representado por atitudes, sensações, objetos, serviços ou marcas.

Conceito subjetivo, porém estável no imaginário coletivo, ele assume múltiplas representações nas diferentes épocas, culturas, regimes econômicos, classes socioeconômicas, idades. E seu consumo já foi — e ainda é — motivado por inúmeras razões: religiosidade, demonstração de prestígio, distinção e pertencimento social, busca de prazer, desejo de autoexpressão, autogratificação...

O assunto desperta grande interesse em função das questões simbólicas e subjetivas nele envolvidas e que o tornam fascinante. Mas não é apenas este o motivo de tamanha atenção. Como indústria, o luxo ocupa hoje uma parcela representativa da economia mundial. O faturamento global dos seus 10 principais segmentos, que incluem produtos e serviços (luxos pessoais, carros de luxo, hospitalidade de luxo, cruzeiros de luxo, mobiliário de *design*, alimentos finos, vinhos e destilados finos, iates, jatos particulares e arte), alcançou, em valores de vendas no varejo, 1,2 trilhão de euros em 2018, segundo a empresa de consultoria Bain & Company (2018).

Naturalmente, a gestão de marcas dedicadas a itens dotados de tantos valores subjetivos, comercializados a preços altos e que atendem a consumidores exigentes envolve nuances diversas das adotadas para produtos e serviços de massa. É justamente o conhecimento dessas nuances que este livro busca construir, criando uma ponte entre os aspectos intangíveis do luxo e a realidade concreta do mundo dos negócios.

Esta leitura será útil para empresários e profissionais dedicados às inúmeras atividades ligadas ao luxo, mas não apenas para eles. O consumidor de nosso tempo mostra-se cada vez mais exigente, consciente de sua importância para o sucesso das empresas e também atento às inúmeras opções de que dispõe num mundo globalizado, no qual ele é bombardeado a cada minuto por incontáveis estímulos comerciais. É, pois, uma necessidade das marcas dos mais variados segmentos buscar diferenciação relativa a seus concorrentes, conquistar um espaço especial nas mentes e corações de seus potenciais e atuais clientes. Por isso, é natural que elas se inspirem nas práticas adotadas no universo do luxo para aprimorar sua própria atuação e a gestão de seus negócios. Não à toa, o mercado de produtos e serviços de luxo tem sido uma grande fonte de tendências quando se fala em encantar o consumidor.

Mas não é por acaso que a palavra "arte" faz parte do título deste volume. Afinal, além de movimentar bilhões e gerar muitos empregos, o ofício do luxo conserva ainda hoje toques artísticos: o caimento preciso, a matéria-prima mais adequada, a tecnologia envolvente, o *design* mais incrível, a cor que se torna mágica no lugar certo, o serviço que surpreende, o sabor inesquecível, a comunicação irresistível de uma história, a experiência que transforma... Detalhes concebidos individualmente para estimular a sensibilidade, despertar e expressar paixões.

E, qualquer que seja a preferência pessoal ou o poder aquisitivo de quem o utiliza, um item de luxo vai sempre incitar a imaginação, remetendo a algo especial, belo, raro e desejado. Como numa obra de arte. Não se poderia desdenhar essa reflexão num livro sobre o tema.

Convido você a participar deste passeio pelo mundo dos produtos e serviços de luxo, um mercado que cresce, floresce e se reinventa, sem abandonar sua essência artística.

Boa leitura!

PARTE I

CONCEITOS E HISTÓRIA

O QUE É LUXO?

Definir luxo é uma tarefa complexa (Vigneron e Johnson, 2004), pois o conceito tem fronteiras bastante flexíveis e subjetivas (Dubois e Dusquesne, 1993; Castarède, 2005). Apesar disso, diversos autores já se propuseram a fazê-lo. Segundo o *Dicionário Aurélio*, luxo é "um modo de vida caracterizado por grandes despesas supérfluas e pelo gosto da ostentação e do prazer: fausto, ostentação, magnificência"; "caráter do que é custoso e suntuoso"; "bem ou prazer custoso e supérfluo"; e, ainda, "viço, vigor, esplendor" (Ferreira, 1999:1242). Castarède (2005) e Passarelli (2010) esclarecem que a palavra tem origem no latim, língua na qual *luxus* significa "abundância", "refinamento". O mesmo Castarède acrescenta que "luxo é o que não é corriqueiro e que está relacionado ao talento, ao garbo, à magnificência e à celebração; tudo o que não é necessário" (Passareli; 2010.24).

Numa visão aparentemente mais poética, Proudhon (1809-1865) aponta que o conceito tem componentes artísticos e sensoriais. Na definição a ele atribuída, "o luxo pode definir-se fisiologicamente: a arte de nos alimentarmos pela pele, pelos olhos, pelos ouvidos, pelas narinas e pela imaginação".

Deixando de lado por ora os aspectos mais didáticos, aprecio a última definição, embora ela seja bastante subjetiva, uma vez que o que denominamos luxo é muito mais emoção e sensação que razão. Muito mais sentimento que função. Logo, mais caberia percebê-lo que descrevê-lo.

Representações variáveis

Embora subjetivo, o conceito de luxo de algum modo parece estável no imaginário coletivo. Quando se fala em luxo, de forma geral, os sentimentos despertados são minimamente similares. No entanto, os bens, serviços, costumes e marcas através dos quais ele se manifesta variam consideravelmente (Strehlau, 2008). Aspectos como o tempo, o local e a cultura nos quais ocorre o consumo, assim como variáveis individuais, têm impacto significativo sobre as percepções das pessoas a respeito do assunto (Ghosh e Varshney, 2013; Castarède, 2005).

O tempo

No que se refere ao tempo, Castarède (2005) lembra a transformação contínua dos modos e estilos de vida. Essas mudanças fazem com que um bem ou serviço possa migrar da classificação de item de luxo para a de item comum. Assim, o que foi considerado luxo em outras épocas hoje pode não ser mais (Berry, 1994). Da mesma forma, o que é luxo hoje pode deixar de sê-lo no futuro. Cada época tem seus luxos.

Os telefones celulares exemplificam bem essa transitoriedade. Quando foram lançados, no final dos anos 1980, eles eram considerados itens de luxo. Dotados de tecnologia de ponta, conferiam *status* elevado a seus poucos usuários, atraindo olhares admirados dos demais. E concentravam uma série de atributos associados aos produtos de luxo, como a exclusividade, a raridade, o alto preço.

Com o tempo, esses aparelhos tornaram-se itens de necessidade, passando a ser consumidos por grande massa de indivíduos. Hoje, se quisermos utilizar aparelhos de comunicação móvel como exemplos de itens de luxo, precisaremos nos voltar para modelos de *smartphones* fora de série — seja por incorporarem as últimas palavras em tecnologia, seja pela utilização de matérias-primas preciosas, como eventuais exemplares em ouro, cravejados de gemas. Assim como os celulares, há inúmeros produtos e serviços que deixaram o *status* de luxo para se tornar itens de consumo geral pela ação do tempo — que altera os costumes.

Local e cultura

Outro fator de influência sobre as representações do luxo é o local em que ocorre seu consumo. O que é luxo em determinada sociedade pode não ser em outra (Castarède, 2005). Vivemos hoje num mundo globalizado, no qual o compartilhamento acelerado de informações torna mais homogêneas as diversas culturas. Ainda assim, as representações do luxo variam localmente.

Num extremo, comparemos o que representa luxo para uma tribo indígena e o que ele representa para indivíduos de vida urbana. Certamente haverá poucas semelhanças entre as duas percepções. Porém, mesmo entre países do mundo ocidental ou entre regiões de um mesmo país, podem-se observar diferenças. Um bom exemplo disso é a gastronomia. Muitos ingredientes abundantes e corriqueiros em determinadas localidades ou países são raros em outros, o que pode alçá-los à condição de luxo nestes últimos locais.

Classe socioeconômica

Também a classe socioeconômica ocupada pelo indivíduo influencia sua ideia de luxo. É equivocado pensar que apenas as classes mais abastadas combinam com o conceito. Na verdade, de forma compatível com seu poder aquisitivo e suas preferências, cada classe elege seus luxos.

Também sob essa perspectiva, as representações do luxo são mutantes. Muitas vezes, o que é considerado luxo para uma classe mais abastada vem a tornar-se rotineiro para ela, enquanto passa a representar um luxo para outra classe, e assim por diante.

Idade e fase da vida

Adicionalmente, há a influência da idade do consumidor sobre as percepções de luxo. Itens considerados luxuosos por um jovem de 20 anos dificilmente serão os mesmos de um homem de 50, por exemplo. Naturalmente, as diferenças de hábitos, preferências e valores entre duas gerações exercem impacto sobre suas visões a respeito do tema.

Cabe lembrar também que, embora tenham a mesma idade, indivíduos em fases distintas da vida podem ter visões diferentes sobre o luxo: um homem solteiro e sem filhos e outro casado e com filhos, por exemplo, provavelmente elegerão luxos diversos. E um mesmo consumidor também pode enxergar o luxo de formas diferentes conforme a fase que está vivendo ou as variadas situações de avaliação (Bearden e Etzel, 1982).

Percepções de caráter individual

Finalmente, somada aos fatores já enumerados, há também a visão particular dos indivíduos. Embora as pessoas estejam sujeitas a influências culturais e sociais, elas têm também seus valores e preferências singulares. Assim, um item considerado luxo para um consumidor pode ser visto como necessidade ou como item irrelevante para outro e vice-versa (Vigneron e Johnson, 2004).

Em resumo, o luxo se relaciona com os sonhos de cada um.

O LUXO ATRAVÉS DOS TEMPOS

Origens

O luxo parece acompanhar a humanidade ao longo de sua existência. Porém, como já foi mencionado, suas representações podem se alterar através dos diferentes períodos históricos. Segundo o filósofo francês Gilles Lipovetsky, pode-se identificar, já no período paleolítico, quando o homem ainda era nômade e deslocava-se em busca de alimentos, uma atitude relacionada ao conceito. Esse luxo ainda não se vinculava a objetos suntuosos, mas sim a comportamentos caracterizados pelo consumo das reservas sem preocupação com o futuro: era o luxo da prodigalidade (Lipovetsky e Roux, 2005).

Mais tarde, nas sociedades selvagens mais opulentas, como as tribos indígenas da Melanésia, já havia bens preciosos, utilitários ou não, que, assim como festas e banquetes, eram utilizados em trocas. Tais trocas não tinham cunho comercial, e sim intenções cerimoniais, a serem retribuídas no futuro. Assim, o que caracterizava essa forma primitiva do luxo não era a acumulação de bens, mas a dádiva da troca de cunho social, espiritual e sagrado, e a busca da paz entre os povos (Lipovetsky e Roux, 2005).

Luxo e distinção social

Seguindo pela trajetória temporal, o mesmo Lipovetsky identifica uma ruptura na história do luxo por ocasião do aparecimento do Estado e das sociedades divididas em classes. A separação entre senhores e súditos, nobres e plebeus, ricos e humildes teria coincidido "com novas lógicas de acumulação, centralização e hierarquização" (Lipovetsky e Roux, 2005: 28). Nessa fase, surgem os ricos mobiliários fúnebres, as arquiteturas e esculturas grandiosas, os palácios e as cortes, e a divisão social passa a se expressar nas diferentes maneiras de possuir, despender, morar, se vestir, se alimentar, se divertir, viver e morrer. O luxo passa a se ligar aos princípios de desigualdade, mas também ao desejo de permanência, de eternidade.

A partir do fim da Idade Média e início do Renascimento, aproximadamente no final do século XVI (Wikipedia, 2017), com o enriquecimento dos comerciantes e dos banqueiros, o luxo deixa de ser privilégio adquirido com o nascimento. A nobreza tradicional passa a enfrentar a concorrência da burguesia na posse e no usufruto de bens suntuosos, que agora podem ser adquiridos pela compra. "O luxo tornou-se uma esfera aberta às fortunas adquiridas pelo trabalho, pelo talento e o mérito, uma esfera aberta à mobilidade social" (Lipovetsky e Roux, 2005:35).

As marcas de luxo

Ao chegar à metade do século XIX, a sociedade protagonizou o início de uma transição da representação do luxo: da riqueza material para a aura da marca. A alta-costura é um exemplo desse movimento que se estendeu para outros setores. Nela, o costureiro, em vez de subordinar-se à cliente, aparece como criador livre e independente, e uma boa parcela do luxo passa a estar associada a um nome, a uma casa comercial de muito prestígio (Lipovetsky e Roux, 2005).

Evoluindo a partir daí, os bens de luxo na sociedade contemporânea são predominantemente representados por marcas. E cada uma delas agrupa um conjunto de significados, simboliza valores e atributos com os quais os consumidores se identificam e que adquirem juntamente com os produtos ou serviços (Strehlau, 2008:40; Pinho, 1996).

No entanto, cabe a ressalva de que nem todos os itens de luxo estão vinculados a marcas. Para certos itens, como uma ilha, por exemplo, a percepção de valor se basta, independentemente de um nome comercial. Por outro lado, há marcas que são consideradas sinônimos de luxo simplesmente ao serem exibidas ou mencionadas, mesmo que não estejam relacionadas, no momento, a nenhuma categoria de produto em particular (Ghosh e Varshney, 2013).

Sobre as marcas suntuosas como hoje as conhecemos, é importante registrar que, até meados dos anos 1990, a maioria delas pertencia a empresas de estrutura familiar, sob a direção de seus criadores ou dos descendentes deles. Porém, no final do século XX, iniciou-se uma fase intensa de fusões e aquisições que resultaram no surgimento de grandes conglomerados financeiro-industriais (Passarelli, 2010). Hoje, a maioria das marcas de luxo mais conhecidas no cenário internacional em diversas categorias pertence a um dos três maiores desses grupos: LVMH, Richemont e Kering. (Shipilov e Godart, 2015).

O maior deles, considerando-se receita e número de marcas que possui, é o Grupo LVMH. Fundado em 1987, ele tem sede em Paris, França, e nasceu da fusão entre as empresas Moët & Chandon e Hennessy. Posteriormente, agregou-se a ele também a marca Louis Vuitton. O conglomerado é também o mais diversificado entre os três mencionados, incluindo bebidas finas, relógios, joalheria, vestuário, acessórios, cosméticos e perfumaria, redes de varejo de artigos finos, hotelaria, entre outras atividades (Passarelli, 2010).

Vinícola Terrazas de Los Andes, do Grupo LVMH, Mendoza, Argentina, 2017

O segundo maior é o Grupo Richemont, criado em 1988 e com sede na Suíça. Mais voltado para a produção de joias, relógios, instrumentos de escrita e escritório (Passarelli, 2010), ele atua também na indústria de tabaco, além de deter marcas de vestuário e acessórios de luxo (Richemont, s.d.).

Finalmente, em terceiro lugar, está o grupo Kering, antes denominado PPR. Com sede em Paris, ele foi originalmente fundado em 1963, voltado para o segmento de materiais de construção (Kering, 2016). Apenas em 1999 passou a abrigar marcas de luxo em seu portfólio (Passarelli, 2010), que inclui vestuário, acessórios, joias, relógios, óculos, perfumes e cosméticos, entre outros.

Hoje são poucas as marcas de grande importância no cenário mundial que continuam independentes dos grandes conglomerados.

LUXO NO SÉCULO XXI

A democratização do luxo

Embora tradicionalmente ligado às classes muito abastadas da sociedade, o universo do luxo mundial atende, hoje, não somente a elas. A globalização contribuiu para a democratização do conhecimento acerca do luxo. Novas e mais abrangentes formas de comunicação, possibilitadas especialmente pela internet, reduziram a distância entre as marcas e o grande público. Além da presença *online*, as marcas de luxo invadiram também as mídias de rua, o que lhes rendeu visibilidade como parte do cotidiano de pessoas de todas as classes socioeconômicas e idades (Garcia, 2016).

Fruto dessa democratização do conhecimento sobre as marcas, observa-se também a ampliação de seu público consumidor. Autores como Lipovetsky (2009), Allères (2005) e Twitchell (2000) identificam um número crescente de indivíduos que parecem estar obtendo acesso à aquisição de produtos e serviços antes restritos aos muito ricos.

A consequente expansão do setor tem levado ao lançamento de itens de luxo cada vez mais diversificados em formatos e preços, e é responsável pelo surgimento de novas relações entre consumidor e produto (Carvalho e Brandão, 2012). Essas mudanças expressam-se por novas formas de compra, uso e descarte dos produtos assinados por marcas de luxo, como a venda de itens usados ou o aluguel (Carvalho e Brandão, 2011). Também se observa o aumento do número de *outlets* de grandes marcas pelo mundo, com faturamento crescente, e, ainda, o excursionismo, fenômeno da aquisição apenas eventual de produtos dessas marcas por admiradores que não fazem parte do seu público-alvo principal, mas compram de acordo com suas possibilidades.

Esse conjunto de fenômenos ligados ao acesso mais amplo às marcas de luxo e a produtos de alguma forma especiais é comumente denominado mastígio (*masstige*). O termo resulta da combinação da palavra "massa" (*mass*) com a palavra "prestígio" (*prestige*) — o prestígio para as massas —, e tem levado as marcas a adotar estratégias diversas voltadas para uma gama maior de consumidores, com o lançamento de produtos *premium*, as extensões de marca e a criação de associações com outras marcas (*cobrandings*).

Itens premium

Os produtos e serviços *premium* não são itens de luxo. Porém, eles se situam no topo do mercado de massa. Nascem da inclusão de melhorias nas versões tradicionais que ampliam as vantagens de seu consumo. Tais alterações podem representar um desempenho superior ou um *design* mais elaborado, entre outras possibilidades, e elevam seu valor percebido aos olhos do consumidor. Consequentemente, possibilitam que esses bens sejam também precificados acima da maioria dos demais de sua categoria.

Para sinalizar essas diferenças, os itens *premium* muitas vezes ganham também adjetivos como *gold* e *special*, entre outros, e podem levar a assinatura de uma marca de luxo de prestígio, de uma marca de itens de massa ou mesmo constituir uma nova marca. Seus exemplos são numerosos e incluem artigos como chocolates, vodcas, cafés, cervejas, xampus, nos quais a qualidade superior é expressa também por embalagens mais nobres.

A demanda crescente por produtos dessa natureza, aliada à elevação do nível de exigência dos consumidores, à necessidade crescente de diferenciação num mercado cada vez mais competitivo e ao esforço para evitar a concorrência baseada em preços, tem levado a um amplo número de lançamentos, fenômeno denominado "premiunização", "premiumnização", "premiunrização", ou, ainda, "gourmetização".

Entre os serviços, esse é o caso das modernas barbearias, que oferecem ao cliente procedimentos adicionais, como massagens curtas, além de cortesias como cervejas e comidinhas, a fim de enriquecer a experiência, o ritual de cuidados pessoais e o bem-estar. Outro exemplo são as butiques destinadas à venda de artigos anteriormente considerados triviais, como brigadeiros — tradicionais doces brasileiros — e pipocas com sabores especiais e coloridas embaladas em latas sofisticadas para presente.

Em estabelecimentos dessa natureza, a premiunização costuma se expressar também pela decoração, sonorização e aromatização ambientes mais sofisticadas que as oferecidas usualmente para produtos de massa, pelo atendimento mais atencioso, assim como pelos uniformes ou *dress codes* mais modernos e os cuidados para com a equipe de funcionários. Esses e outros detalhes contribuem para sinalizar que os itens ali comercializados são dotados de qualidade superior. E são também destinados a oferecer ao cliente não apenas produtos e serviços, mas uma experiência diferenciada, fator crescentemente valorizado pelo consumidor, como se verá adiante.

Importa ressaltar que, embora tenham preços superiores aos demais de sua categoria, os itens *premium* são acessíveis à maioria das classes socioeconômicas. Seu consumo expressa certa autoindulgência, uma concessão ao desejo de prestígio, em alguma medida, ou à qualidade superior, um conforto maior, a melhor performance ou determinado prazer, ainda que esporádico. Eles se mostram especiais, de alguma forma, representando pequenos luxos do dia a dia a preços naturalmente mais baixos que os praticados pelos itens de fato suntuosos.

Extensões de marcas de luxo

A estratégia de extensões de marca utiliza o nome ou a reputação da marca original de luxo como um endosso para a nova marca, que oferece linhas de produtos a preços mais acessíveis. Dessa forma, o prestígio da primeira fica preservado, e a segunda já nasce herdeira de uma reputação e com potencial para atrair um número maior de consumidores. Armani, com a Armani Exchange, Prada, com a Miu Miu, e Versace, com a Versus, ilustram bem o caso.

Outra forma de extensão se dá pela disponibilização, por uma marca de luxo, de itens mais acessíveis, embora mais caros se comparados aos demais de sua categoria. Desse modo, quem admira determinada marca e não possui recursos financeiros para adquirir um de seus produtos principais tem acesso a itens de menor valor, também assinados por ela. São exemplos disso chaveiros, cosméticos, perfumes, camisetas, pequenos artigos de couro, entre outros, que, embora com preços mais baixos, conservam e representam os valores simbólicos da marca desejada (Twitchell, 2000).

Associações de marcas (cobrandings)

A formação de parcerias entre marcas de luxo e outras de massa, mais populares, também têm se mostrado cada vez mais frequente, em especial para o lançamento de coleções de vestuário. São exemplos disso as *cobrandings* que uniram a rede de varejo americana Target com a grife italiana Missoni, a também rede de varejo H&M com a estilista Stella McCartney, ou a Gap com Valentino, entre muitas outras.

Para a marca mais popular, é natural a elevação da percepção de valor resultante da associação com a marca de luxo. Para a última, as vantagens se relacionam à oportunidade de conquista de novos consumidores, ao rejuvenescimento de sua imagem, na medida em que têm a possibilidade de conquistar consumidores mais jovens e, naturalmente, menos abastados, e ao aumento do faturamento.

No entanto, tais parcerias também envolvem riscos para a marca mais suntuosa. Caso se torne banalizada ou se popularize em demasia, ela pode ter seu prestígio diminuído e ver afastada sua clientela principal, distanciando-se do universo do luxo. E, uma vez que essa reputação seja abalada, é extremamente difícil e dispendioso recuperá-la.

Portanto, alguns cuidados devem ser tomados na condução dessas ações. É imprescindível respeitar, nas coleções resultantes das parcerias, o DNA do estilo e o padrão de qualidade mínimo da marca de maior prestígio, como forma de preservar os valores e significados a ela associados. Também é necessário que as tiragens dessas peças sejam limitadas e que elas sejam oferecidas por tempo determinado e reduzido, a fim de conservar a percepção de exclusividade que a marca original empresta aos itens resultantes das parcerias e denotar que eles são especiais, ainda que os preços sejam mais acessíveis.

Sobre a pirataria

Uma consequência negativa da popularização das marcas de luxo que vem crescendo substancialmente e ameaçando as empresas do setor é a pirataria. A reprodução de itens com etiquetas falsas de marcas de prestígio é beneficiada pelo surgimento e disseminação de novas tecnologias de produção que dão origem a mercadorias de aparência similar às originais (Carvalho e Brandão, 2011).

As falsificações, naturalmente, são ilegais, resultando da apropriação indevida de ideias criativas e da reputação de marcas consagradas, construída ao longo de décadas. Além de representar uma concorrência desleal em termos de precificação, elas podem arranhar a imagem das marcas pela excessiva massificação da oferta, que desgasta sua aura de exclusividade. Além disso, como a confecção dos itens replicados não obedece aos padrões de qualidade extremamente rígidos estabelecidos pelas marcas originais, dela resultam produtos de menor durabilidade e de desempenho e acabamento inferiores, que podem diluir a confiança no produto legítimo.

Reação à democratização

Em reação à democratização do luxo e de forma a agradar consumidores que prezam a exclusividade, algumas marcas têm buscado desenvolver produtos mais difíceis de serem copiados por falsificadores e por marcas de consumo geral. Elas investem no chamado "luxo absoluto", "luxo verdadeiro", "ultraluxo", "*upscale luxury*" ou *uberluxo*. Esse movimento tem resultado no lançamento de itens extremamente caros e exclusivos por marcas de acessórios e bolsas, e também de perfumes como Chanel, Dior e Guerlain, que vêm criando fragrâncias sob medida para os clientes mais exigentes e abastados (Garcia, 2016).

O luxo das experiências

Outro fenômeno recente que cabe registrar na linha do tempo do luxo é que ele tem se mostrado cada vez mais ligado à busca de experiências, sensações, bem viver e saúde (Lipovetsky, 2009).

A tendência apontada por Gilles Lipovetsky pode ser exemplificada em números do mercado. Segmentos voltados para a experiência, como os de viagens, hotelaria e gastronomia, estão em alta. Segundo a consultoria Bain & Company (2016), o consumo das chamadas "categorias experienciais de luxo" apresentou, ao longo de 2016, crescimento pelo menos 5% maior que o dos produtos físicos do grupo. Ao que tudo indica, o desejo de possuir tem cedido algum espaço para a busca de viver bem.

Entre os artigos do setor cujo consumo experimentou maior crescimento no mesmo período também se destacam os veículos de luxo, vinhos, destilados finos e o mobiliário de alto padrão, todos ligados a emoções diferenciadas, conforto e bem viver (Bain & Company, 2016).

Suzana Campuzano Garcia (2016) aponta reflexos desse movimento em direção às experiências na atuação de diversas marcas. Nomes tradicionalmente ligados à oferta de produtos têm demonstrado interesse em aliar-se também à oferta de serviços e bens ligados ao bem viver. Esse é o caso de empresas como Bvlgari e Armani, que vêm investindo em empreendimentos hoteleiros, e outras como Hermès e Louis Vuitton, que lançam peças de mobiliário e decoração.

Nas atividades de hotelaria e turismo, além do crescimento da procura, é notável a busca do consumidor de viver emoções mais fortes e diferenciadas. Para atender a essa demanda, ao lado dos hotéis de luxo mais tradicionais ganham força aqueles que estimulam o convívio com a natureza ou a imersão em universos como o das vinícolas, dos oliveirais ou da gastronomia, e/ou aqueles que oferecem serviços exclusivos, alta personalização, spas. Mais que conhecer, os indivíduos desejam participar daquilo que os encanta. A criatividade é a chave para seduzi-los e tem aberto novas possibilidades nesses segmentos.

Quanto aos destinos, é grande o interesse pelos locais exóticos, e muitos buscam experimentar hábitos próximos aos adotados pelos povos locais, imergindo em culturas diversas das encontradas em destinos já consagrados.

The Vines Resort & Spa,
Mendoza, Argentina, 2017

Alinhamento de propósitos

Em paralelo à valorização das experiências e do bem viver, e de certa forma relacionada a ela, cumpre registrar o progressivo interesse do consumidor pela atuação das empresas para além dos produtos e serviços que elas oferecem.

Como fruto dessa preocupação, percebe-se, especialmente entre os indivíduos mais jovens, a preferência crescente por marcas que compartilham de suas convicções, que se mostram alinhadas a causas com as quais eles se identificam — e, consequentemente, a rejeição daquelas que demonstrem o contrário. Exemplo desse comportamento é a exaltação de atitudes social e ambientalmente responsáveis.

Esse cenário impõe às empresas atenção redobrada com os efeitos — positivos ou negativos — que sua existência pode proporcionar. E mais: convida-as a refletir sobre os propósitos que devem nortear seus negócios, além daqueles estritamente relacionados ao lucro imediato.

Também entre as empresas dedicadas ao luxo, o caminho para a manutenção de uma reputação sólida e positiva parece passar pelo estabelecimento de (e respeito a) propósitos claros e positivos. É essa reputação que parece garantir a sobrevivência da empresa, seu sucesso e, por conseguinte, o lucro continuado.

MOTIVAÇÕES PARA A COMPRA

O consumo na sociedade contemporânea ultrapassa em muito o âmbito apenas objetivo da satisfação das necessidades humanas materiais. Isso significa que, nas decisões de compra, os consumidores, em geral, atribuem aos bens valores que, não raramente, superam a utilidade prática.

As escolhas mais corriqueiras são movidas por muito mais que a análise da funcionalidade de um objeto *versus* o preço que é cobrado por ele. Se pensarmos bem, um simples bloco de papel, por exemplo, não é eleito unicamente tendo em vista sua finalidade como suporte para anotações a um preço viável. No processo de escolha concorrem outros aspectos, que muitas vezes atuam de forma subconsciente sobre a decisão do consumidor, como estilo, conforto no toque, cor, entre muitos outros. Esses valores extrafuncionais atribuídos aos diversos objetos e serviços impedem que eles sejam considerados neutros, como afirma a economista francesa Danielle Allérès (2000:48): "Nenhum objeto, em nenhuma civilização, é marcado pela neutralidade absoluta".

Uma vez que aspectos subjetivos desempenham papel expressivo na escolha de quase todos os tipos de produto e serviço, eles são particularmente relevantes no que toca ao consumo de luxo. Afinal, é fácil perceber que os itens dessa natureza abrangem, de maneira ainda mais intensa, significados plenos de componentes intangíveis, o que faz com que sejam adquiridos mais pelo que significam que por aquilo que são (Aaker e Keller *apud* Dubois e Paternault, 1995; Solomon, 2011).

Nessa atribuição de valor aos objetos estão incluídos aspectos sociais, culturais e individuais que, associados a eles, influenciam nas escolhas, numa dinâmica movida mais pela subjetividade que pela objetividade. Portanto, o valor de um produto ou serviço de luxo provém mais da totalidade de significados e sentimentos que ele nos desperta que do item propriamente dito.

Diversos são os fatores que impulsionam o consumo de produtos e serviços de luxo e também os estilos de comportamento apresentados por seus consumidores. No entanto, esses fatores não atuam isolados nos indivíduos. De fato, o comportamento de cada consumidor é resultado de um conjunto de elementos motivadores, arranjados em proporções variadas de importância (Strehlau, 2008). Dois consumidores podem ter motivações distintas para adquirir itens de luxo, e mesmo um único consumidor pode possuir motivações diferentes ao escolher itens de diversas naturezas (Ghosh e Varshney, 2013).

A fim de jogar luz sobre o tema, Franck Vigneron e Lester Johnson (2004) selecionaram as cinco dimensões que perceberam como as mais recorrentes para explicar o consumo de itens de luxo. São elas: conspicuidade, hedonismo, autoexpressão, exclusividade e qualidade. Cada uma delas será aqui abordada individualmente, enriquecida pela contribuição de outros autores.

Conspicuidade

Uma das motivações para a compra de produtos e marcas de alto padrão é a busca de distinção social e a demonstração de *status* elevado por meio da sua exposição e ostentação (Veblen, 1988; Mason, 1981; Bearden e Etzel, 1982; Bourdieu, 2004 e 2007). Trata-se do "consumo conspícuo", termo inicialmente cunhado por Thorstein Veblen no final do século XIX. Segundo ele, esse tipo de comportamento teria como objetivo demonstrar a riqueza do indivíduo e, assim, conferir a ele prestígio e reconhecimento social, aproximando-o das classes mais altas e distinguindo-o das inferiores (Veblen, 1988).

Michael Solomon (2011) aborda o consumo conspícuo, na atualidade, como reflexo da tendência que as pessoas demonstram para avaliar a si próprias, suas realizações profissionais, sua aparência e seu bem-estar material em relação às outras. Haveria nelas um desejo de comparação e, se possível, de superação do padrão de vida de seus pares. Como o objetivo do consumidor movido pela conspicuidade é elevar sua posição social na hierarquia e impressionar os demais, a compra e utilização do produto de luxo é direcionada pelo efeito que causa nos outros — e o preço alto é mais um meio para sinalizar riqueza e, consequentemente, poder e *status* elevado.

Suzane Strehlau (2008) menciona também outra tática adotada por indivíduos que desejam se distinguir socialmente, além da posse de objetos. Ela se dá pela demonstração de compreensão e apreciação de determinados objetos, marcas ou costumes de luxo. Tal comportamento pode ser observado com referência a alimentação, cultura ou apresentação pessoal, por exemplo. Esse é o caso da escolha do vinho apropriado para harmonizar com determinado prato ou ocasião, da demonstração de entendimento da arte de um pintor proeminente, da dissertação sobre um destino ainda pouco conhecido, da combinação correta de uma gravata num traje específico, entre muitos outros que podem contribuir para a demonstração de que a pessoa ocupa determinada posição social.

Uvas, região do Alto Douro Vinhateiro, Portugal, 2013

Hedonismo

Autores como Vigneron e Johnson (2004), Passarelli (2010), e Strehlau (2008) apontam o hedonismo como outra motivação para o consumo de itens de luxo. Sobre o assunto, Passarelli considera (2010:10) que, "além de se perceber como indivíduo, o homem chama para si, por meio de suas ações (uma das quais é o consumo), a busca do prazer, que pode também ser encontrado nas relações com os objetos materiais".

Ao contrário da conspicuidade, o hedonismo move as escolhas dos consumidores em direção ao prazer, à recompensa e à realização pessoal, e não ao destaque ou à distinção social. Os que consomem movidos pelo hedonismo seriam, portanto, menos suscetíveis às influências externas, e mais guiados por seu próprio desejo. Eles tampouco estariam motivados pelos atributos funcionais dos objetos (Vigneron e Johnson, 2004). Nas escolhas ditadas pelo hedonismo, não há significado racional ou econômico, e sim o desejo de experimentar sentimentos e sensações prazerosos. A marca de luxo, nesse contexto, teria a função de estimular estados afetivos (Strehlau, 2008).

Uma das formas de consumo hedônico é, segundo David Mick e Michelle DeMoss (1990), o autopresente. Ele aconteceria especialmente para recompensar a conquista de uma meta, trazer alegria em momentos de tristeza ou desânimo, comemorar datas especiais ou aproveitar a oportunidade gerada por uma sobra de recursos. Dessa forma, o autopresente manifestaria a busca do prazer por meio de sensações de realização, segurança, entusiasmo, juventude e beleza, entre outras. Ele daria significado de merecimento a aquisições pessoais, como um presente perfeito, algo com que o indivíduo sempre sonhou.

Autoexpressão

Alguns autores encaram o consumo como elemento utilizado na construção da identidade dos indivíduos (Belk, 1988; Berger e Heath, 2007; Sprott, Czellar e Spangenberg, 2009). De acordo com essa ideia, os itens de luxo desempenhariam importante papel também no autoentendimento e para a autoexpressão dos consumidores (Hemetsberger; Von Wallpach e Bauer, 2012).

Russell Belk (1988) considera que, na vida moderna, os indivíduos se autoconhecem, definem e relembram quem são por meio das coisas que possuem. O conjunto de suas posses seria um instrumento em sua busca de felicidade, para lembrá-los de suas experiências, conquistas e outras pessoas que fazem parte de suas vidas, e até para criar uma sensação de imortalidade. O autor denominou "eu estendido" (*extended self*) esse conjunto de posses, que incluiria não só objetos e pertences pessoais, mas também pessoas, lugares, além de posses coletivas, muitas vezes consideradas partes do próprio corpo, órgãos vitais do indivíduo.

Michael Solomon (2011) concorda com a ideia de que o comportamento de consumo de uma pessoa, além de levar as outras a construírem julgamentos sobre sua identidade social, também pode ajudar a determinar seu autoconceito. O autor menciona como exemplos de objetos que alguns consumidores consideram partes deles próprios os sapatos, para algumas mulheres, os troféus, e também os cartões de visita entre alguns japoneses.

Harvey Leibenstein (1950) acrescentou ao estudo das motivações para o consumo dois efeitos, que Angushman Ghosh e Sanjeev Varshney (2013) relacionam com a busca de autoexpressão. Um deles é o efeito da imitação (*bandwagon effect*), e o outro é o efeito do esnobismo (*snob effect*). O primeiro estimularia o consumidor a comprar um produto pelo fato de outras pessoas o possuírem também, como parte do esforço para pertencer a determinado grupo (Leibenstein, 1950). Nesse caso, segundo Suzane Strehlau (2008:84), a marca serviria como um "certificado de credibilidade e suporte da imagem pessoal" para adequação do indivíduo ao meio social ou profissional, pressupondo que o grupo partilhe do mesmo juízo a respeito desse produto e marca.

Em oposição, o efeito do esnobismo relaciona-se ao desejo do indivíduo de ser único, mediante a propriedade do que os outros ainda não possuem. Para consumidores com esse tipo de comportamento, quanto mais pessoas obtiverem determinado produto, menor interesse ele lhe despertará, já que a intenção é justamente a diferenciação, a exclusividade (Strehlau, 2008). Leibenstein (1950) enfatiza a diferença entre o efeito do esnobismo e a conspicuidade descrita por Veblen (1988). O primeiro se baseia no fato de que os outros não possuem determinado bem, logo, é uma função do consumo de terceiros. O segundo busca a distinção pelo preço.

O efeito do esnobismo explica a busca de exclusividade como motivação de consumo.

Exclusividade

Segundo William Bearden e Michael Etzel (1982), ao adquirir um produto de luxo, os consumidores desejam que ele seja exclusivo em alguma medida, a fim de diferenciá-los pela sua posse. Ao desejar exclusividade, o consumidor anseia por aquilo que os outros ainda não têm ou não fizeram. Não casualmente, o mesmo indivíduo que adota novos objetos ou costumes deixa-os de lado quando eles se tornam mais comuns. O desejo é ser único, diferente dos demais.

Dessa forma, a escassez, a raridade, torna mais atrativo um item suntuoso (Dubois e Paternault, 1995; Vigneron e Johnson, 2004) e reforça sua identificação como luxo. Naturalmente, em contraste, o aumento da difusão de um produto antes raro entre um número maior de pessoas dilui sua exclusividade e, consequentemente, sua atratividade. À medida que muitos indivíduos vêm a possuir determinado item, ele perde aos poucos seu *status* de luxo e tende a ser rejeitado por aqueles que prezam a exclusividade (Dubois e Paternault, 1995). O mesmo pode se observar em relação às marcas. Ao se tornarem mais banais, elas perdem grande parte da atração que exercem sobre seus consumidores (Strehlau, 2008). O desejo de exclusividade reforça a importância da implementação de inovações entre os produtos e marcas de luxo.

Qualidade

Além das dimensões já apontadas, e que atendem a expectativas de obter, pelo consumo de bens de luxo, distinção social, prazer, autoexpressão e exclusividade, Vigneron e Johnson (2004) apontam que um objeto suntuoso deve ter qualidade superior à dos demais.

Lipovetsky (*op.cit.*) reforça essa ideia, afirmando ser necessário que o produto de luxo carregue, além de seus significados subjetivos, também alguma superioridade no valor de uso ou em finalidades culturais mais amplas, como conforto, qualidade estética, escolha individual e novidade. Vigneron e Johnson (2004) acrescentam à lista de exemplos também a excelência funcional, uma tecnologia avançada, uma engenharia sofisticada.

No que tange ao desejo de qualidade, as marcas de prestígio, como avalistas das escolhas dos consumidores mais voltados para a racionalidade, lhes fornecem segurança. Nesse caso, o preço alto contribui como mais um indicativo de qualidade superior (Vigneron e Johnson, 2004).

A MARCA E O LUXO

Além de desempenhar seu papel utilitário, um produto de luxo é resultado da soma dos significados e valores culturais a ele atribuídos. Hoje, a marca é um dos critérios determinantes desse processo de atribuição de significados. Ela funciona como um guarda-chuva que agrupa um conjunto de valores e atributos com os quais determinados consumidores se identificam. Ao adquirir itens de uma marca em particular, é como se o consumidor obtivesse com eles aquele conjunto de qualidades que mais valoriza e que julga estarem nela representadas. Muitas vezes os consumidores se utilizam da personalidade das marcas para construir ou reforçar sua própria identidade.

Num mundo em que a profusão de ofertas de produtos e serviços é enorme, o luxo reside cada vez menos no objeto e mais na marca e sua simbologia. A marca avaliza a qualidade do item, conferindo-lhe confiabilidade; pode denotar *status* elevado; representa um estilo e uma série de outros valores subjetivos caros para determinado consumidor. Esse é um dos motivos pelos quais cada marca deve oferecer uma identidade própria, que a torne única, diferente das demais. Mesmo num conglomerado que administre diversas marcas, cada uma delas precisa conservar sua essência.

Para entender com mais clareza a importância da marca, pensemos, como exemplo, na avaliação de um leigo a respeito de uma joia que deseja adquirir ou que recebeu de presente. Seria ilusão pensar que um anel de ouro e diamantes de uma marca desconhecida pode ter, aos olhos do consumidor, valor simbólico igual ao do mesmo modelo assinado por uma marca que desfruta de prestígio e tradição. Tal qual a joia, a escolha da maioria dos produtos e serviços de luxo acontece assim, guiada em grande parte pela reputação da marca que os oferece.

Origem das marcas de luxo

Apesar de outros países europeus e de todo o mundo abrigarem marcas de luxo respeitadas, a França ainda ocupa lugar importante no imaginário coletivo ligado a esse universo. Muitos dos nomes relacionados ao luxo lembrados em primeiro lugar são franceses, sendo vários deles mais que centenários. E isso não acontece por acaso. A associação da França com o tema tem fundamentos históricos: Luís XIV, cujo reinado durou de 1643 a 1715, foi um grande incentivador da indústria e da exportação de produtos franceses dessa natureza.

Jean-Baptiste Colbert, o controlador das finanças do rei, desempenhou papel importante nesse processo e acabou homenageado, séculos mais tarde, dando nome à atual associação francesa de companhias relacionadas ao luxo, cuja existência já é um sinal da relevância do setor no país até hoje. O Comitê Colbert, fundado em 1954, congrega empresas de produtos e serviços de luxo e instituições culturais que, segundo o *site* comitecolbert.com (2017), atuam em conjunto para promover internacionalmente a "arte de viver" francesa.

A participação de uma marca nesse comitê é condicionada a uma série de exigências. Elas incluem a recomendação de empresas já participantes, o atendimento de critérios relativos à sua ambição internacional, o padrão de qualidade adotado, a importância dedicada ao processo criativo, a ética, além de características dos próprios produtos e serviços, entre outros.

Apesar da ligação da França com o luxo, o país compartilha hoje seu protagonismo nesse setor com países como a Itália e os Estados Unidos — este último, naturalmente, com marcas mais jovens. Há também marcas de luxo nascidas em países de menor tradição no assunto e que, eventualmente, alcançam notoriedade global. Algumas delas, ao chegar a esse estágio, são adquiridas pelos grandes conglomerados internacionais. Esse é o caso de empresas chinesas como a Qeelin, joalheria conhecida por seu *design* inspirado em formas animais, comprada em 2012 pelo Grupo Kering; da Shang Xia ("Altos e Baixos"), de porcelana, *cashmere* e mobiliário tradicional chinês, da qual 90% pertencem hoje ao Grupo Hermès e que tem loja em Paris desde 2013; ou ainda da marca de moda Shanghai Tang, agora do grupo suíço Richemont, além dos cosméticos Yue Sai, incorporados pela L'Oréal.

E o que seria uma marca de luxo?

Os franceses Vincent Bastien e Jean-Noël Kapferer (2012) listam as características que consideram mais representativas das marcas de luxo:
1. Produtos inovadores, criativos, únicos e extremamente atraentes.
2. Produção constantemente voltada para a alta qualidade.
3. Exclusividade na produção dos bens.
4. Distribuição cuidadosamente controlada.
5. Herança de produção artesanal.
6. Identidade de marca fortemente diferenciada.
7. Reputação global.
8. Posicionamento de preço *premium*.
9. Abordagem emocional (*storytelling*).
10. Alta visibilidade.

De fato, todos os itens apontados pelos autores emergem naturalmente ao longo das reflexões aqui reunidas. Porém, deve-se considerar, no que tange à reputação global, que há marcas locais que podem ser consideradas de luxo, mesmo não tendo ainda obtido reconhecimento internacional. Cabe a mesma observação no que se refere à alta visibilidade.

SEGMENTOS DO LUXO

O universo do luxo é formado por um grande número de segmentos e atividades distintas (Allérès, 2000), cuja delimitação varia entre os diversos autores que sobre ele pensaram. Na verdade, é possível desenvolver itens de luxo para quase todas as categorias de produtos ou serviços. No entanto, vale elencar os segmentos mais comumente mencionados na bibliografia a respeito do tema.

O quadro a seguir é resultado do cruzamento das propostas elaboradas por duas fontes de informação: o trabalho do economista francês Jean Castarède (2005) e o estudo realizado, em 1990, pelo Gabinete Mac Kinsey para o Comitê Colbert, este último mencionado por Allérès (2000). Na versão final, optou-se pela separação dos itens joalheria e bijuteria, pelas especificidades de cada um deles, e acrescentaram-se, numa atualização imprescindível, os equipamentos eletrônicos de última geração, como *tablets*, *smartphones*, *notebooks*, *smartwatches*, aparelhos de realidade virtual, entre outros, que, graças à rápida e permanente evolução tecnológica, estão em constante renovação.

Segmentos do luxo

Mercado cultural	Relojoaria	**Habitação**
Objetos de arte	Joias	Imóveis
Livros	Bijuterias	Decoração
	Instrumentos de escrita	
Meios de transporte	Ourivesaria	**Alimentação**
Automóveis	Artigos de papelaria	Vinhos e destilados
Iates	Instrumentos de música	Comidas finas
Aviões particulares	Tabacaria	
Motocicletas	Equipamentos eletrônicos de última geração	**Serviços**
		Hotelaria
Produtos de uso pessoal		Restaurantes
Vestuário	**Lazer**	Turismo
Lingerie	Clubes	Restauração
Perfumaria	Esportes	Foto/som/vídeo
Cosméticos	Coleções	Serviços gráficos
Acessórios de moda		Floricultura
Acessórios de couro	**Serviços de mesa**	Spas
Peles	Cristais	
Calçados	Prataria	
	Louças	

Fonte: Elaborado pela autora, a partir do cruzamento das propostas feitas por Castarède (2005) e pelo Gabinete Mac Kinsey (1990) para o Comitê Colbert, este último *apud* Allérès (2000), incluindo alterações e acréscimos da autora.

PARTE II

O MARKETING DO LUXO

SOBRE O MARKETING DO LUXO

Philip Kotler, considerado um dos maiores nomes mundiais na bibliografia sobre o tema, define marketing da seguinte forma: "Um processo social e gerencial pelo qual indivíduos e grupos obtêm o que necessitam e desejam pela criação, oferta e troca de produtos de valor com outros" (Kotler, 1998:27).

O autor se refere à gestão de marketing, como: "A arte e a ciência de escolher os mercados-alvo e de conquistar, reter e cultivar clientes, por meio da criação, comunicação e fornecimento de valor superior para os clientes" (Kotler, 1998:11).

Direcionando o raciocínio para o tema aqui em foco, cabe uma reflexão. Considerando a subjetividade envolvida no consumo de luxo, não será exagero dizer que a palavra "arte", que o autor aliou à palavra "ciência" em sua definição, dificilmente estaria mais bem empregada do que quando se refere ao universo dos itens dessa categoria. A arte permeia o mundo do luxo de diversas formas. E não poderia ser esquecida quando nos debruçamos sobre a gestão de marketing para marcas desse setor.

Para iniciar qualquer análise sobre os diversos aspectos relativos ao marketing para itens de luxo, convém destacar uma das maiores dificuldades enfrentadas na administração das marcas desse setor. Trata-se da necessidade de estabelecer o equilíbrio entre dois conceitos aparentemente antagônicos: tradição e inovação.

Observando as estratégias de comunicação de muitas marcas de prestígio, é possível constatar o orgulho com que são divulgadas as referências sobre sua trajetória e o ano de sua fundação, frequentemente integrado ao próprio logotipo. Isso acontece porque muito do valor de uma marca de luxo advém do seu tempo de permanência no mercado, de sua tradição e das histórias que ela carrega consigo e que contribuem para o fascínio que exerce sobre seu público. Afinal, as marcas longevas são sobreviventes muitas vezes centenárias num mercado em que tantas outras pereceram — ainda que várias das duradouras tenham mudado de mãos ao longo do tempo.

Apenas para citar alguns exemplos, chamam atenção as datas de fundação de grandes nomes de diversos segmentos: entre as europeias, Moët & Chandon (1743), Veuve Clicquot (1772), Guerlain (1828), Hermès (1837), Louis Vuitton (1845), Cartier (1847), Boucheron (1858), Prada (1913), Gucci (1921), Ferrari (1939). Entre as norte-americanas, Tyffany & Co. (1837) e Ralph Lauren (1967). Naturalmente, com tantos anos de existência, estas e outras marcas têm muitas histórias emocionantes para contar. São narrativas sobre o sonho de seus criadores, as paixões e técnicas que vêm sendo transmitidas através das gerações de suas famílias e dos profissionais que nelas trabalham, os personagens históricos que já foram seus apreciadores, as guerras às quais sobreviveram...

Embora seja natural e possível a construção e consolidação de novas marcas, é importante ter em mente que negócios de luxo são projetos de longo prazo, que exigem persistência e atuação coerente ao longo dos anos. Essa coerência envolve a criação e seleção dos produtos oferecidos, o posicionamento da marca, a obsessão pela qualidade, a dedicação ao *design*, os cuidados na distribuição, na seleção e treinamento do *staff*. Enfim, trata-se de um conjunto de esforços que, cumulativamente, farão com que a marca conquiste reconhecimento, respeito e, naturalmente, sucesso financeiro que lhe propiciem longevidade. Aquelas que sobrevivem e se mantém fiéis às suas convicções ao longo do tempo tornam-se cada vez mais fortes.

Contudo, se a tradição desempenha importante papel no sucesso das marcas de luxo, ela também pode se tornar um entrave à sua perpetuação. Isso ocorre quando a administração torna-se demasiadamente apegada à exaltação do passado, esquecendo-se do presente e principalmente do futuro. Ou seja, quando ela não leva em consideração o risco de associação de sua imagem a algo ultrapassado. Ainda que respeite e até admire a reputação e a história de uma determinada marca, o consumidor deixa de adotá-la se ela soa desatualizada — adjetivo ao qual ninguém deseja se associar. A marca que não se renova acaba por tornar seus produtos mais adequados às prateleiras de um museu que às de butiques concorridas. Além disso, faz parte da inquietude da natureza humana adotar um novo sonho de consumo depois de realizar o anterior.

Esses fatores, somados ao problema crescente das falsificações e imitações, levam as marcas à necessidade constante de apresentar também novidades que possam sustentar suas vantagens competitivas e mantê-las à frente das réplicas, captando continuamente o desejo dos consumidores, a atenção e o reconhecimento dos formadores de opinião.

Essa demanda de inovações não se restringe aos produtos ou serviços oferecidos. Ela abrange também novas formas e canais de comercialização, surpresas na ambientação dos pontos de venda, além de atualização de linguagens e canais de comunicação com seus públicos. Em resumo, a necessidade de inovação está presente em todos os aspectos da atuação das marcas de luxo, assim como a valorização da tradição. Por isso, ela deve ser levada em conta em relação a cada um dos aspectos desenvolvidos a seguir.

Os 4 Ps do marketing do luxo no século XXI

As estratégias e atividades de marketing destinam-se a ir bastante além da concretização da venda. Elas têm início consideravelmente antes e terminam (se é que terminam) muito depois que um cliente adquire determinado produto ou serviço. Cada uma das atividades conduzidas nesse processo tem, acrescentando-se à sua função primeira, uma outra, mais abrangente e importante: consolidar e/ou reforçar a imagem da marca.

Cabe analisar as diversas ações aplicadas à realidade das marcas de luxo pela perspectiva dos 4 Ps do mix de marketing. O conceito, também denominado "composto de marketing", ou *marketing mix*, foi criado em 1960 por Jerome McCarthy e popularizado por Philip Kotler a partir da década de 1970. Ele consiste na abordagem do marketing por meio de quatro perspectivas cujos nomes começam com a letra pê: produto (*product*, aquilo que é oferecido – produto ou serviço – e suas características); preço (*price*, que diz respeito ao valor desembolsado pelo cliente em troca do produto ou serviço e às formas de pagamento acolhidas); promoção (*promotion*, que envolve toda a comunicação da marca com seus públicos); e praça ou ponto (*place*, tudo o que se refere aos canais de distribuição e venda dos produtos ou serviços).

O sucesso da gestão do marketing para marcas de alto padrão depende, em grande parte, da harmonia entre todos os elementos envolvidos nas etapas de concepção, produção, distribuição, precificação, comercialização e pós-comercialização de produtos e serviços, além do relacionamento dessas marcas com seus diversos públicos. E, além disso, também da afinidade de todas essas atividades com a imagem idealizada para cada marca.

Adicionalmente, o fato de ser considerada de luxo em determinado momento não é garantia de que a marca siga avaliada dessa forma. Impactos negativos representados pela flexibilização da qualidade dos produtos, pela massificação de sua oferta ou distribuição, por uma estratégia inadequada de comunicação ou mesmo pela precificação incorreta, entre outros, podem causar a erosão da percepção de luxo de que a marca desfruta.

Já foi aqui mencionada a ligação do luxo com a arte em diversos aspectos. Ora, todos os tropeços listados decorrem justamente da adoção de políticas incoerentes com a estratégia adequada à condução das marcas de luxo. Portanto, quando é abordado o mix de marketing para marcas dessa natureza, entra em cena mais uma forma de arte: a "arte da coerência".

Butique Guerlain, avenida dos Champs-Élysées, Paris, França, 2014

POLÍTICA DE PRODUTO

Novamente buscando referências na obra de Philip Kotler, pode-se dizer que "um produto é algo que pode ser oferecido a um mercado para satisfazer a um desejo ou necessidade" (Kotler:383). Em relação especificamente aos produtos de luxo, como visto, na maioria das vezes os componentes intangíveis têm importância superior ao caráter funcional. Logo, o papel dos produtos de luxo, em particular, é mais o de satisfazer desejos que o de suprir necessidades.

Também como já se observou, as percepções sobre as representações do luxo estão sujeitas a diversas variáveis. No entanto, de maneira geral, há aspectos recorrentemente associados aos produtos e serviços do setor. Jean Castarède (2005) enumera a raridade (escassez), a exclusividade, os preços altos e a superfluidade. Passarelli (2010), Vigneron e Johnson (2004), Dubois e colaboradores (2001), Nueno e Quelch (1998) acrescentam à lista a qualidade superior, o alto nível estético, o emprego de artesanato na confecção e o fato de esses produtos serem dotados de uma história.

Todos esses aspectos são contemplados ao longo desta obra, sendo que os temas raridade/exclusividade e qualidade/beleza são comentados individualmente a seguir.

Raridade/exclusividade

Grandes tiragens não combinam com luxo. A raridade é um dos grandes diferenciadores entre um produto de luxo e um produto de massa. Enquanto o produto de consumo geral é reproduzido em grandes séries, o de luxo é escasso por princípio.

Há, basicamente, três motivos para isso. Um deles tem origem no rigor e na complexidade envolvidos na elaboração de um item luxuoso. O esforço para produzir um resultado fora de série requer, naturalmente, grande investimento de tempo e o trabalho de poucos artesãos qualificados, o que por si só já dificulta a produção em grandes quantidades. Ao contrário de uma linha automática de produção, com pequena participação de mãos humanas, a confecção desses itens envolve em grande medida o trabalho artesanal.

Além disso, são utilizadas no preparo dos itens de luxo matérias-primas de alta qualidade, que não são abundantes. Alguns desses insumos são tão raros que sua utilização seria mesmo inviável para uma produção massiva. Esse é o caso, por exemplo, das pedras preciosas mais raras: muitas vezes a natureza não oferece dois exemplares com as mesmas características.

O segundo motivo da escassez dos itens de luxo é de ordem subjetiva e diz respeito a percepções e sentimentos humanos. Nada que é oferecido em abundância nos parece tão especial. Aquilo que é numeroso torna-se rotineiro, comum. Logo, tende a não ser considerado um luxo. Para qualquer classe socioeconômica ou grupo social, o luxo é justamente o que não é necessário nem trivial.

Em consequência, a oferta de um item de luxo em larga escala acabaria por banalizá-lo e por reduzir sua atratividade, diminuindo o fascínio que ele desperta. Quanto mais raro, mais individualizado, maior a percepção de valor do produto e, assim, mais desejado ele se torna. Dessa forma, a oferta dos itens de luxo em pequenas tiragens, além de resultante da complexidade de sua confecção, é também uma tática decisiva para demonstrar que a oportunidade de desfrutar deles é um privilégio e, assim, potencializar o desejo do consumidor.

Finalmente, o terceiro motivo da associação entre produto de luxo e raridade é que, a cada dia, mostra-se mais marcante o desejo do consumidor de ser percebido em seu caráter singular e ver respeitadas e valorizadas suas características e gostos pessoais. Atender a esse anseio por exclusividade tem sido um dos principais esforços das marcas de luxo na atualidade.

Na contramão da necessidade de oferecer exclusividade, as empresas veem-se também pressionadas a atrair um número maior de clientes num mundo globalizado e, assim, garantir retorno financeiro que permita sua sobrevivência. Algumas ações no sentido de aliar essas duas demandas antagônicas merecem ser mencionadas como exemplo.

Em primeiro lugar, é necessário lembrar que, mesmo no universo do luxo, nem todos os itens podem ter um único exemplar, como acontece com alguns vestidos de alta-costura ou peças de alta joalheria. A fim de oferecer produtos exclusivos em alguma medida para consumidores que buscam expressar sua individualidade, grandes marcas do setor têm disponibilizado para seus clientes a possibilidade de customização de itens que, embora produzidos em tiragens reduzidas, não são únicos.

Esse é o caso da marca francesa Louis Vuitton, que oferece há alguns anos a gravação das iniciais do nome do comprador em seus produtos de couro. A inglesa Burberry e a italiana Dolce & Gabbana adotam iniciativa parecida, que consiste em aplicar monogramas e elementos decorativos, com pintura manual, em alguns modelos de bolsas de couro. A Burberry também personaliza itens de vestuário e acessórios de moda, como seus clássicos *trench coats*, cachecóis de *cashmere* e ponchos, que podem receber iniciais bordadas em uma das diversas cores disponíveis. Além disso, ela oferece a gravação de monogramas na embalagem de cristal de algumas de suas fragrâncias, a exemplo das francesas Hermès e Guerlain. Esta última registra também pequenas palavras no frasco de seu Mon Exclusif, cujo nome já deixa claro o conceito do produto.

De forma ainda mais exclusiva, a Hermès possui também um ateliê de encomendas especiais para produzir seus cobiçados modelos de bolsas, de forma a atender às preferências pessoais de suas clientes, que podem escolher o tipo de couro, cor e detalhes, naturalmente preservando o *design* original.

Na perfumaria, o esforço de individualização tem se manifestado também em outras ideias criativas. Em Paris, há as chamadas perfumarias de nicho, que oferecem aromas desenvolvidos exclusivamente para cada cliente. A inglesa Jo Malone incentiva combinações entre suas cerca de 30 fragrâncias. Ao escolher duas ou três delas e aplicá-las em partes diferentes do corpo, o consumidor cria uma identidade olfativa só sua. E até marcas mais tradicionais, como Chanel, Dior e Guerlain, têm apostado no desenvolvimento de perfumes individualizados.

O esforço de personalização é observado também em outros segmentos. Entre as bebidas finas, a Möet & Chandon oferece, em ações pontuais, a aplicação de nomes, datas ou breves mensagens com cristais Swarovski em suas garrafas. Veículos de luxo podem ser individualizados pela escolha dos acabamentos por parte do comprador. Na joalheira, atividade que sempre possibilitou a expressão de desejos do cliente, percebe-se o aumento da oferta de customização de peças, com gravações, espaço para fotos e modelos que permitam ao consumidor criar suas próprias composições, escolhendo os elementos disponíveis de acordo com sua preferência.

A oferta de maior exclusividade também é percebida entre os serviços de luxo. Já existe o que se pode chamar de "butiques de turismo", tal o nível de customização que algumas agências alcançam. Cada viagem pode ser formatada de acordo com o desejo e estilo do consumidor, e até incluir encontros com personalidades locais, *chefs* premiados e comemorações com amigos em destinos exóticos, entre as inúmeras opções. Há também empresas oferecendo serviços de *concièrge* que asseguram a realização de sonhos do consumidor, como surpreender alguém com um pedido de casamento em local inusitado, com ambientação e músicos exclusivos, ou viver, por alguns dias, a rotina de seu personagem de cinema favorito.

É a criatividade e o desejo do cliente que comandam o consumo personalizado.

Qualidade superior/alto nível estético

Naturalmente, a grande parcela de subjetividade e a importância dos aspectos não funcionais envolvidos no consumo do luxo não significam que a qualidade de um produto ou serviço dessa natureza possam ser negligenciados. Afinal, é ele que materializa, que torna tangíveis os valores que uma marca representa para os consumidores que com ela se identificam.

Lipovetsky (*op.cit.*), Vigneron e Johnson (2004) ressaltam a necessidade de que os itens de luxo sejam de alguma forma superiores aos demais. Isso significa que a qualidade, a ausência de defeitos, mais que um diferencial dos produtos e serviços de luxo, é um pré-requisito para que eles sejam assim considerados. Nesse contexto, falhas de qualidade representam a quebra de um pacto com o consumidor e arranham o valor das marcas.

Danielle Allérès (1999) distingue duas formas pelas quais a qualidade se expressa num item de luxo: uma de caráter objetivo, representada pela funcionalidade, e uma mais subjetiva, representada pela estética.

Em relação à estética, a exigência parece evidente: o item de luxo precisa ser belo. Não se faz referência aqui a preferências em relação ao estilo, que são muito pessoais. O que se busca, nesse sentido, é que a concepção do produto (ou serviço) tenda à perfeição — da ideia criativa, dos elementos decorativos empregados, das cores escolhidas. Cada detalhe deve desempenhar um papel estético e harmonizar-se com os demais, assim como acontece com o som dos instrumentos musicais na orquestra. O *design* perfeito é a alma de um produto de luxo.

Em relação à funcionalidade, e caso o objeto de luxo não seja de caráter meramente decorativo, espera-se dele também um desempenho superior ao dos demais. Seja automóvel, caneta, relógio ou cosmético, além de perfeito esteticamente, o produto deve necessariamente apresentar uma performance extraordinária. No que diz respeito à confecção, ele deve reunir matérias-primas fora de série, acabamento impecável, toque agradável, durabilidade.

Tanto no que se refere à qualidade estética quanto no que tange à funcional, a perfeição global de um objeto ou mesmo de um serviço resulta da soma da perfeição de suas diversas partes. Assim, é no detalhe que o luxo reside. Não apenas naqueles detalhes importantes para o excelente desempenho do produto, mas também e sobretudo nos requintes aparentemente desnecessários, que se revelam um presente reservado ao observador atento. Numa joia, um pequeno diamante cravado no interior do aro do anel e percebido apenas por quem o usa; num vestido, a assinatura do estilista predileto escondida no forro; num relógio, o fundo transparente que revela o mecanismo apenas quando ele não está em uso. Há uma infinidade de possibilidades para surpreender e agradar o consumidor, e as marcas de luxo estão sempre em busca de novas formas de fazer isso. A descoberta desses pequenos-grandes detalhes é um exercício e uma arte que se desenvolvem com o tempo. Mais uma forma de arte.

Embalagem sedutora

A embalagem de um produto de luxo é tão determinante que podemos dizer que faz parte dele. Além de desempenhar função protetora, ela exerce importante papel na percepção de valor do objeto e na comunicação do conjunto de atributos da marca. E deve antecipar o encantamento do seu conteúdo. Além disso, a embalagem oferece também oportunidades para a inovação.

Assim como no produto que ele envolve, é determinante utilizar no invólucro insumos de boa qualidade, acabamento esmerado, além de um *design* elegante e funcional. Algumas embalagens de produtos de luxo despertam tantas emoções que há consumidores que as conservam mesmo depois de vazias.

Estojos de joias, frascos de perfumes, garrafas, caixas e sacolas de marcas de vestuário, além de manuais, cartões para dedicatória e tudo o que acompanha o produto são, na verdade, prolongamentos dele e de suas marcas, e devem representá-los, traduzindo seu nível de excelência e refinamento.

Para exemplificar a importância das embalagens, basta lembrar as lendárias caixinhas azuis da joalheria Tiffany & Co., ou as vermelhas da Cartier, as de tom laranja da Hermès, ou ainda os rótulos amarelo-alaranjados das champanhes Veuve Clicquot. Tais cores, utilizadas ao longo da história, tornaram-se tão significativas que extrapolaram o universo das embalagens, tornando-se presentes em toda a identidade visual dessas marcas, como elementos indissociáveis delas, e invadiram, em muitos casos, até seus produtos.

Um pouco mais sobre embalagens e detalhes

Assim como é uma arte criar e desenvolver um produto de luxo em seus detalhes, também é uma arte apreciá-los. É um exercício de prazer que se aprimora com o tempo e reserva um repertório de boas surpresas para os observadores mais atentos. Para apurar esse olhar, as champanhes da marca Veuve Clicquot são tomadas como exemplo.

Em vez dos espumantes em si, a análise se dirige para a embalagem. Nela, todos os elementos são belos e harmônicos, denotando o apreço pela funcionalidade e pelo *design*, e comunicando a personalidade da marca e a qualidade do produto — garrafa, rótulo, caixa...

Estreitando o foco ainda mais, a atenção se volta para o sistema de vedação da garrafa. Além da rolha — que evita a oxigenação da bebida e a liberação de gás carbônico sob uma pressão quatro a seis vezes maior que a do ambiente —, há a cesta de arame, que mantém a rolha no lugar, e uma cápsula metálica impedindo que o arame danifique a cortiça. Sobre todo o conjunto, está, ainda, o invólucro metálico maleável.

Habitualmente, quando a garrafa é aberta, todos se concentram no brinde, na celebração, no sabor da champanhe. Na maioria das vezes, todo o conjunto de vedação acaba posto de lado e descartado. Contudo, ele guarda encantos que não merecem passar despercebidos.

A cápsula metálica, invisível sob a cobertura maleável, traz o retrato de Barbe-Nicole Ponsardin Clicquot pintado em cores. Mas não é só isso. A viúva é lembrada ainda por mais uma minúcia restrita aos mais curiosos. Na face interna da cápsula, escondida pela rolha, está impressa, fiel aos documentos históricos exibidos no museu que a marca mantém em Reims, na França. Mesmo a própria rolha, encoberta pela cápsula e pelo gargalo da garrafa, tem gravados a fogo o brasão e o nome da variedade da bebida.

No universo do luxo, como vimos, a tradição é um ativo importante e divulgado com orgulho pelas marcas: confere a elas confiança, respeito, admiração. A Maison Clicquot, fundada em 1772, investe com competência no equilíbrio entre a comunicação de sua longevidade e a modernização de seu estilo, igualmente necessária para que ela não pareça ultrapassada. Os detalhes do sistema de vedação das garrafas, por exemplo, valorizam a herança da marca e tornam mais bela a embalagem.

A pergunta é: tal apuro no acabamento é de fato necessário? Um sistema mais simples, envolvendo menos custo e complexidade na produção, não vedaria da mesma forma? Para respondê-la, vale lembrar que a avaliação dos bens considerados de luxo deve ir além de sua funcionalidade. São os sentimentos que eles despertam que tornam a experiência do consumidor ainda mais marcante, que estreitam seus laços com sua marca preferida e reforçam a percepção de qualidade, bom gosto e esmero. Eles fazem toda a diferença!

Sistema de vedação dos champanhes Veuve Clicquot

A importância da inovação no produto de luxo

A adoção de inovações é uma necessidade constante entre as marcas de luxo. Embora deva se dar também em outros elementos, é importante que ela aconteça nos próprios produtos e serviços oferecidos.

No que se refere às vendas, a introdução de inovações no *mix* de produtos pode ser um ponto de atração para clientes que já possuem os produtos comercializados há mais tempo e abre possibilidades de conquista de novos consumidores, inclusive entre os mais jovens, que têm diferentes necessidades e preferências.

As inovações no produto também contribuem para a atualização de imagem da marca aos olhos do consumidor e demais públicos: a apresentação de novidades demonstra que a marca está viva, evoluindo e atenta às mudanças do ambiente. Além disso, as inovações têm potencial para atrair o interesse de jornalistas e formadores de opinião, constituindo novidades para difusão em diversos canais de comunicação.

Cabe registrar que é crucial preservar, nos lançamentos, a essência do estilo da marca, buscando a harmonia com os demais itens do *mix* de produtos existente. Afinal, uma das grandes artes da administração de marketing das marcas de luxo consiste justamente em equilibrar tradição e inovação, de forma que a primeira garanta a credibilidade e a segunda mantenha vivo o interesse dos consumidores das diversas gerações.

Algumas possibilidades de inovação no que tange aos produtos podem ser mencionadas a título de exemplo.

- Lançamento de produtos totalmente novos. Esse é o caso de marcas destinadas a itens de vestuário que lançam perfumes, por exemplo. Ou de empresas dedicadas a acessórios que passam a oferecer objetos de decoração.
- Introdução de alterações em produtos já existentes. Isso pode envolver o lançamento de um mesmo item em novo formato ou dimensões, ou de novas cores ou estampas para itens que já fazem parte do *mix* da marca.
- Atualizações no *design* do produto. Um produto consagrado pode receber com sucesso alterações que "refresquem" seu aspecto, sem que suas características principais sejam alteradas. São as chamadas releituras, que tornam mais contemporâneos produtos de sucesso.
- Retorno a antigos *design*s. Isso que pode parecer antagônico quando falamos de inovação é uma prática de sucesso crescente: relançar antigos produtos, com seu modelo original ou minimamente alterado, num clima de *revival*, pode ser uma novidade muito interessante, em especial para quem conhece e admira a trajetória da marca. Esse

é o caso das fragrâncias Le Male e Classique, de Jean Paul Gaultier, e Trésor, da Lancôme, lançadas na década de 1990 e que voltaram a ser produzidos recentemente. E também da suíça Montblanc, que incluiu, entre seus novos relógios para 2017, modelos com toques retrô: coroa em *design vintage*, o logotipo tal como utilizado na década de 1930 e pulseiras de couro em tom conhaque.

O movimento atinge também bolsas, roupas, calçados, além de produtos *premium*, como geladeiras, fogões, bicicletas, *scooters* e muitos outros itens que, apesar do estilo *vintage*, incorporam modernidades tecnológicas que garantem o desempenho esperado no mundo contemporâneo.

Embora se faça alusão aqui a produtos, é pertinente ressaltar que essa valorização de referências históricas não se restringe a eles. A tendência estende-se também a embalagens, elementos decorativos e arquitetônicos das lojas, e até a campanhas de comunicação que se desempenharam positivamente em períodos anteriores. Para quem já as conhece, essas referências aguçam a memória afetiva, trazendo boas lembranças. Quem ainda não as conhece tem prazer em descobri-las.

- Alterações na embalagem. Apesar de constituírem elementos importantes na comunicação da tradição de algumas marcas, as embalagens oferecem também inúmeras possibilidades para a inovação. Algumas bebidas finas consagradas são exemplos de sucesso dessa estratégia. Além de atrair a atenção e o desejo de consumo, e de refrescar a imagem, embalagens oferecidas em séries ou períodos limitados podem estimular também a compra para coleções.
- Adoção de novas matérias-primas. A tecnologia vem oferecendo opções cada vez mais abundantes em termos de materiais para emprego em produtos tão diversos como automóveis, vestuário, mobiliário, instrumentos de escrita e de óptica, acessórios de moda, para mencionar apenas alguns. Ademais, há a questão, cada vez mais presente, da busca de insumos que causem menos impacto ambiental e social. Sua adoção, além de denotar maior responsabilidade por parte da empresa, também representa grandes oportunidades para a inovação.
- Oferta de um novo serviço. Isso vale tanto para as marcas que comercializam produtos e têm os serviços como atrativo extra quanto para as que têm a oferta de serviços como atividade principal. Incorporar um

serviço ao "pacote" oferecido demonstra que a empresa dedica atenção às novas demandas de seus consumidores e pode reforçar sua diferenciação diante dos concorrentes. Certamente o impacto será maior se a marca for pioneira nessa nova oferta.
- Lançamento de séries limitadas. Essas séries de produtos com características especiais são outra oportunidade para a inovação e, assim, para abrir oportunidades de venda. Nesse caso, além da atração gerada pela novidade, o número reduzido de unidades disponibilizadas reforça a sensação de raridade, de privilégio de possuir uma delas, e estimula o sentimento de urgência na aquisição.
- Desenvolvimento de coleções-cápsula. Essas pequenas coleções são em geral apresentadas nos intervalos dos calendários tradicionais de lançamentos, em especial entre as marcas de vestuário. Elas representam mais uma forma de inovar a marca pela introdução de produtos, sem afetar suas linhas contínuas. Muitas vezes elas são desenvolvidas por meio de parcerias com criadores convidados.
- Novos temas para inspiração. Os temas escolhidos para inspirar lançamentos também podem representar boas chances de inovação. Projetos de um arquiteto renomado como suporte para a criação de uma coleção de joias, estampas de vestuário que utilizam elementos extraídos da obra de um pintor conhecido, entre tantos outros, são exemplos desse tipo de inovação, que deve ser reforçada pela comunicação efetiva de como ocorreu o processo criativo, de detalhes interessantes sobre as obras utilizadas, entre outros. A história por trás do produto ou serviço também contribui para sua valorização.
- Parcerias com outros nomes de sucesso (*cobrandings*). As parcerias para desenvolvimento de produtos ou serviços também trazem inúmeras oportunidades de inovação e são cada vez mais adotadas pelas marcas de luxo, nas mais diversas formatações: joalheria + artista plástico, moda + artista plástico, hotelaria + grife de vestuário, automobilismo + artista plástico, marca de luxo + marca mais popular, joalheria + gastronomia, bebida fina + estilista, joalheria + arquiteto, entre muitas outras possibilidades.

POLÍTICA DE PREÇO

Na atribuição de valor aos objetos e serviços de luxo incluem-se aspectos sociais, culturais e individuais, numa dinâmica movida mais pela subjetividade que pela objetividade. Nesse contexto, embora a qualidade excepcional seja um pré-requisito quando se trata desses bens, pode-se dizer que seu valor advém, na verdade, do que o consumidor extrai deles, e não do que o fabricante neles insere.

O valor que o consumidor confere aos itens de luxo decorre, em grande parte, do que eles podem lhe proporcionar em termos de satisfação social, emocional e econômica. E o valor dessa satisfação se reflete nos altos preços que os consumidores se dispõem a desembolsar para adquiri-los, conforme apontam Gilles Lipovetsky e Elyette Roux:

> Um produto de luxo é um conjunto: um objeto (produto ou serviço), mais um conjunto de representações: imagens, conceitos, sensações que são associadas a ele pelo consumidor e, portanto, que o consumidor compra com o objeto e pelos quais está disposto a pagar um preço superior ao que aceitaria pagar por um objeto ou um serviço de características funcionais equivalentes, mas sem essas representações associadas [Giraud, Bomsel e Fieffé-Prévost, 1995 *apud* Lipovetsky e Roux, 2005:127].

O preço pelo qual um item dessa categoria é disponibilizado é mais que o resultado do somatório dos custos de produção, comunicação e comercialização, acrescidos do lucro.

Em primeiro lugar, convém lembrar que o processo de elaboração e oferta de um produto ou serviço de luxo envolve grandes custos, a começar pelos insumos de alta qualidade empregados, passando pela qualificação e remuneração dos profissionais responsáveis pela sua concepção e produção, e também pelo desenvolvimento de uma embalagem de alto nível. Além dos custos diretamente ligados ao produto ou serviço, há também aqueles decorrentes de sua divulgação e da divulgação da marca, da aquisição ou aluguel e manutenção de pontos de venda em localizações nobres, da decoração desses espaços, do treinamento e apresentação do pessoal da equipe de atendimento ao cliente e de suporte à operação, de tributos, entre outros. Enfim, a construção e manutenção da imagem de uma marca de luxo requer um conjunto de elementos coerentes com o posicionamento desejado. E os investimentos para garantir tudo isso são elevados.

No entanto, não são apenas esses custos o que justifica a prática de preços *premium* para os itens de alto padrão. A política de preços para qualquer tipo de produto ou marca também é um elemento indicador de seu posicionamento no mercado. Assim, quando falamos de produtos e serviços de luxo, além de refletir os recursos investidos, o preço praticado também contribui para o entendimento de seu valor por parte do consumidor, coerente com a imagem da marca. Ele é mais um sinalizador dos atributos do produto e da marca, contribuindo para demonstrar o quanto eles são especiais.

Por conseguinte, é possível afirmar que nem todo produto caro pode ser considerado de luxo. Contudo, todo produto de luxo tem valor elevado em comparação à maioria dos demais de sua categoria. Um preço baixo não está entre as expectativas do apreciador de um produto de luxo, ainda que sua aquisição lhe seja impossível ou demande dele algum esforço financeiro. O preço baixo, nesse caso, retiraria do produto de alto padrão parte de seu encanto e da confiança que o consumidor deposita nele. Produtos e serviços de luxo não competem no mercado por intermédio de seus preços — são outros os seus atributos.

Um desafio comum entre as marcas de luxo, em particular as mais novas, é equilibrar a necessidade de comunicar seu posicionamento e qualidade pelos preços *premium* e, em paralelo, acelerar as vendas para garantir sua saúde financeira. Se a estratégia é o posicionamento como marca de alto padrão, ceder à tentação de baixar os preços é uma tática imediatista que acaba por se revelar um grande risco. Uma vez que o prestígio tenha sido erodido na compreensão do consumidor, recuperá-lo é extremamente dispendioso, difícil e por vezes impossível. Logo, a manutenção da precificação coerente com o posicionamento concebido para a marca, mesmo em períodos difíceis, é determinante para o sucesso ao longo do tempo. Não custa lembrar: a construção de uma marca de luxo é um projeto de longo prazo.

Não se deve confundir, no entanto, a política de preços adotada por uma marca com promoções temporárias ou com a oferta de itens em *site*s ou *outlets*, que têm experimentado crescimento considerável no cenário internacional. Ao adquirir um produto nessas ocasiões, o consumidor tem consciência de que está pagando menos por determinados produtos em decorrência do fim de uma estação, da descontinuação de uma coleção ou porque se trata de uma oportunidade extraordinária de compra.

O mesmo acontece com itens em promoção nas butiques da própria marca. Contudo, mesmo nesta última situação, não é aconselhável que os padrões estabelecidos pela marca sejam desrespeitados em relação ao estado dos produtos e ao atendimento oferecido, entre outros. O cliente não deve ver quebradas suas expectativas em relação à marca que admira.

E mais: promoções de vendas devem ser praticadas com parcimônia e elegância no mercado de luxo, tanto para não desagradar os clientes fiéis às marcas, que adquirem seus produtos com frequência, quanto para não popularizar a marca em demasia. Quanto mais descontos e promoções, menor o prestígio.

POLÍTICA DE DISTRIBUIÇÃO (PRAÇA)

O ambiente em que o produto ou serviço de luxo é apresentado e comercializado, assim como o número de pontos de venda e os locais em que eles se situam, a equipe de atendimento, enfim, todos os pontos de contato do cliente com a marca são decisivos para a experiência de compra e para o estabelecimento de um relacionamento positivo entre eles. Além disso, assim como os demais Ps do *mix* de marketing, a distribuição é parte inseparável da arquitetura de imagem da marca. Por isso, vale refletir sobre alguns aspectos determinantes desse tema.

O primeiro deles é a localização dos pontos de venda físicos. O ambiente externo à loja exerce influência sobre a leitura que o consumidor faz da marca. Assim, o local escolhido deve ser coerente com o posicionamento adotado, com as características dos produtos ou serviços oferecidos e com o perfil do público que a marca pretende atingir. Para produtos e serviços de luxo, naturalmente, os pontos mais nobres são os mais indicados. A escolha deve levar também em conta a natureza dos negócios situados em seu entorno, seja para lojas de rua ou em *shopping centers*. A vizinhança contribui para reforçar ou enfraquecer o posicionamento da marca.

O segundo aspecto relaciona-se à já mencionada importância da escassez para as marcas de luxo. A proliferação indiscriminada de pontos de venda tende a banalizá-las. É sempre preferível a presença em poucos e seletos locais, que contribuem para o entendimento do quanto a marca é especial.

Outro fator a mencionar é que a loja "fala" sobre a marca, constituindo um poderoso elemento de sua comunicação. Em consequência, ela deve expressar seu estilo, o conjunto dos seus valores e atributos e ainda ajudar a contar sua história, sempre que possível. Novamente, aqui, convém sublinhar que a tradição representa um ativo importante no mercado de luxo. Logo, as referências a ela são muito bem-vindas no ambiente de vendas.

A identidade de uma marca deve ser reforçada inclusive nos espaços multimarcas em que ela estiver presente, pela criação de ambientes que, embora em menor escala, reproduzam as características de seu universo. O território da marca deve estar claramente diferenciado dos demais e ser identificável com facilidade pelos consumidores.

O mesmo se aplica às lojas virtuais, que também devem ser encaradas como territórios da marca, cujos padrões devem ser respeitados e adaptados, logicamente, às especificidades de cada canal.

A experiência de compra

O consumidor do século XXI, de um modo geral, torna-se cada vez mais exigente. Consciente de seus direitos e da sua importância para o sucesso das empresas num ambiente de grande concorrência, ele demanda um atendimento condizente com o valor de sua preferência.

O cliente de luxo é, particularmente, ainda mais exigente e espera receber recompensas por escolher determinada marca entre inúmeras outras, também ansiosas por conquistá-lo. Além disso, esse consumidor abastado está habituado ao tratamento diferenciado e sabe avaliar o atendimento que recebe.

E não é só isso. O consumidor de luxo também alimenta altas expectativas em relação às marcas que admira e escolhe. Isso significa que, ao se dirigir a um estabelecimento mais popular, ele não espera receber atendimento diferenciado, o que o torna mais condescendente com eventuais falhas. Porém, ao buscar uma butique, joalheria, concessionária de automóveis, hotel ou restaurante que se propõe de luxo, ele espera uma experiência positiva completa, condizente com sua visão da marca escolhida. Tal experiência envolve uma série de componentes.

Butique Hermès, rue de Sèvres, Saint-Germain-des-Prés, Paris, França, 2014

A equipe de atendimento

A equipe de atendimento e vendas é peça-chave para que a experiência com a marca seja positiva. Afinal, está em suas mãos o contato direto com o cliente e, assim, a entrega de todo o conjunto de atributos e valores propostos pela marca. Vale lembrar, independentemente de ordem, alguns fatores importantes na atuação desses profissionais.

Um deles é o domínio do conhecimento técnico sobre os produtos e serviços oferecidos e, preferencialmente, também sobre os ofertados pelos concorrentes da marca. Isso possibilita aos atendentes orientar o consumidor quanto às soluções mais adequadas aos seus desejos e necessidades, e construir um repertório de argumentos decisivos para eventuais negociações. Embora o consumo de itens de luxo esteja, como já se mencionou, mais ligado às emoções que à razão, é importante que o consultor de vendas transmita segurança ao cliente, e que este o enxergue como um especialista em quem pode confiar para auxiliá-lo em sua escolha.

Conta pontos também o conhecimento do vendedor sobre a marca — sua história, missão, valores, convicções — e a capacidade de transmiti-lo com naturalidade e entusiasmo. Em paralelo, espera-se do profissional a identificação com a marca em termos de estilo e que ele demonstre orgulho de pertencer a ela, o que é facilmente perceptível para o cliente.

Adicionalmente, é interessante manter-se atualizado em relação a outros assuntos, não necessariamente ligados à sua atividade. Isso é o que chamamos de cultura geral, que torna os diálogos mais envolventes e cria maiores condições de aproximação e de estabelecimento de vínculos mais consistentes com o cliente.

Além disso, o profissional de atendimento de uma marca de luxo deve ter talento para se relacionar com as pessoas e demonstrar genuíno prazer em servi-las. Isso significa deixar claro que, em paralelo a seu papel de autoridade no assunto tratado, ele aprecia atuar como catalisador da satisfação do cliente, o que encoraja a criação de uma relação de longo prazo com ele e, assim, seu retorno no futuro.

O prazer e a disposição de prestar serviços podem ser considerados características inatas de alguns profissionais e ser detectados durante as fases de recrutamento e seleção das equipes. Os demais aspectos listados podem e devem ser desenvolvidos pelas empresas. Para isso, é necessário, em primeiro lugar, treinamento. A capacitação no momento da contratação é necessária, mas não basta, ao longo do tempo. Aspectos técnicos, políticas, práticas, história e demais informações a respeito da marca e dos produtos precisam ser reforçados em reciclagens periódicas, a fim de não caírem no esquecimento ou se diluírem na rotina de trabalho. Também o incentivo ao desenvolvimento contínuo da cultura geral pode ser estimulado em programas corporativos.

Quanto ao entusiasmo e orgulho pela marca, eles dependem, em grande parte, da coerência que ela demonstra em sua atuação e da forma como é conduzido o relacionamento com os funcionários. É ilusão pensar que é possível oferecer atendimento de alto nível enquanto o corpo de funcionários recebe tratamento negligente da empresa. Não é exagero afirmar que as insatisfações dos profissionais transparecem durante seu relacionamento com o cliente, causando danos à imagem da própria marca, além de resultados comerciais aquém dos esperados.

Pequenas-grandes gentilezas

O atendimento de excelência não consiste apenas no processo de orientação e venda. Muito da qualidade da experiência com a marca no ponto de venda nasce da hospitalidade, do aconchego. Se a loja é a casa da marca, nada mais razoável que receber o cliente como bom anfitrião.

Isso inclui a oferta de pequenos serviços e gentilezas que contribuem para criar uma experiência memorável de compra e relacionamento e construir ou reforçar vínculos com a marca ao longo do tempo. Incluem-se aí o manobrista para ocupar-se do carro do cliente, o contato do consultor de vendas para certificar-se do sucesso da compra, a lembrança e manifestação em datas comemorativas importantes, a oferta de ajuda para a escolha de um presente ideal. São também bem-vindos os presentes e benefícios em datas especiais, a oferta de atendimento *by appointment* na loja física ou no endereço do cliente, as entregas em domicílio, o transporte individualizado para trazer o cliente até a loja e levá-lo de volta a seu endereço.

Em relação aos produtos, vale o desenvolvimento de itens customizados sob encomenda, a personalização de um serviço, a reserva surpresa do quarto predileto do hóspede frequente, serviços de *concierge* para agendar restaurantes ou espetáculos "impossíveis". A criatividade é o limite para a oferta de gentilezas que comuniquem ao cliente o quanto ele é importante. Se os produtos podem ser mais facilmente copiados por concorrentes, o encantamento de uma marca no inconsciente do consumidor é mais difícil de reproduzir.

Importa pontuar que grande parte dessas iniciativas pode ser disponibilizada também pelos canais digitais, e muitas outras podem ser criadas em adequação a eles. O *site* da marca e suas redes sociais são suas "casas virtuais", que devem se comportar como um bom anfitrião em todos os pontos de contato. Não cabe desnível na qualidade de atendimento entre o mundo virtual e o mundo físico numa realidade *omnichanel*. A marca é uma só, e o consumidor espera ser reconhecido e que sua experiência de compra e relacionamento seja a mesma — e impecável — em qualquer canal.

Aspectos sensoriais no ponto de venda

As sensações que o cliente experimenta nos pontos de venda — físicos ou virtuais — são críticas para o marketing das marcas de luxo. Nesse contexto, quanto mais sentidos do consumidor puderem ser positivamente impressionados, melhores serão suas recordações e atitudes futuras em relação à marca. Esse assunto torna-se mais claro quando se investiga cada um dos cinco sentidos humanos individualmente.

Em relação ao olfato, ao paladar e ao tato, os canais virtuais ainda se encontram em desvantagem em relação ao mundo físico, o que provavelmente estará superado em pouco tempo. Enquanto isso não acontece, o caminho é buscar compensar a ausência desses três sentidos pela excelência nos aspectos voltados à visão e à audição.

Visão

O primeiro contato com a marca num ponto de venda costuma ser estabelecido pelos estímulos visuais, que começam pela vitrine, na loja física, e pelas páginas de abertura, nas lojas virtuais ou redes sociais. Sobre esse primeiro contato visual, é importante também a renovação periódica. Uma vitrine, seja ela virtual ou física, atrai a atenção justamente pela novidade. Ao tornar-se estática por longo período, muito de sua função é prejudicada.

A partir da vitrine ou página de abertura, e passando ao interior da loja ou do canal digital, todos os elementos ao alcance do olhar do consumidor demandam atenção e cuidado, pois cada um deles pode alavancar impressões positivas ou negativas, que afetam o conjunto da experiência.

Projetos de arquitetura, decoração e paisagismo

Além da beleza e do respeito ao estilo da marca, seja ele clássico, moderno, esportivo ou qualquer outro, os projetos de arquitetura, decoração e paisagismo do espaço de vendas devem ter execução cuidadosa, com acabamentos de boa qualidade e sofisticados. O rigor, nesse caso, não implica necessariamente formalidade e sisudez. Trata-se aqui de adequação e elegância. É um equívoco relacionar a formalidade com o sucesso do luxo na atualidade. Pelo contrário, a decoração dos pontos de venda pode ser um ótimo recurso para o rejuvenescimento das marcas mais tradicionais.

Depois, é indispensável a atenção à conservação e limpeza, de forma que todo o ambiente se mostre impecável. O desgaste dos materiais e demais detalhes que passariam despercebidos em lojas de produtos menos prestigiosos são inadmissíveis nos negócios de luxo. O estado de manutenção do espaço — ou a ausência dela — também fala muito sobre a marca.

As referências à trajetória da marca são muito bem-vindas, seja pela exibição de imagens fotográficas dos fundadores, de produtos que marcaram época ou clássicos da marca, de lojas pioneiras, de personalidades que foram clientes, pela utilização de móveis que remontam às primeiras lojas, pela exposição de croquis de produtos ou até estampas em revestimentos reproduzindo objetos que serviram de inspiração para os produtos. Bons profissionais têm habilidade e talento para explorar esses elementos de forma bela e harmônica nos ambientes. A loja pode contar muitas histórias pelos aspectos visuais, sem parecer parada no tempo.

Detalhe da *flagship store* Tiffany & Co., Champs-Élysées, Paris, França, 2014

Visual merchandising

A forma como os produtos são expostos é decisiva para que sua beleza seja realçada e para a valorização de seus aspectos funcionais. Em primeiro lugar estão as vitrines, ponto de contato inicial com o consumidor e que são, muitas vezes, responsáveis pela sua aproximação. Nelas, não devem ser negligenciados o projeto criativo profissional/artístico, a qualidade dos materiais utilizados e o acabamento, de forma a conferir destaque aos produtos e valor à marca. É essencial, ainda, atentar para o impacto visual que elas causam. A vitrine sem qualquer índice de novidade passa despercebida na paisagem. Consequentemente, não cumpre seu papel de atrair olhares.

Também nas vitrines deve ser reforçada a ideia de exclusividade, importantíssima para a valorização dos itens de luxo. A exposição de muitos itens num mesmo espaço tende a diluir seu prestígio. Ao contrário, quanto menos peças estão expostas, maior é a noção de que elas são especiais, exclusivas, raras. Como tudo que se refere ao luxo, também nas vitrines menos é mais. E isso vale também para a exposição de produtos nos canais virtuais.

No interior da loja, o *visual merchandising* é igualmente fundamental para a atenção que o produto recebe e para sua atratividade. Produtos expostos dentro do campo de visão mais confortável para o cliente e impecavelmente arrumados se tornam, naturalmente, mais valorizados. Caso haja oportunidade, a exposição de peças complementares, representando sugestões de uso combinado, é muito bem-vinda para orientar o consumidor e estimular as compras. Exemplos dessa prática são facilmente encontrados na apresentação de itens de vestuário em conjunto com acessórios de moda, ou alimentos associados a bebidas finas, entre muitos outros. Novamente, a regra vale também para os canais virtuais.

Iluminação

A luz bem utilizada dá vida ao ponto de venda e valoriza os produtos expostos. Soma-se a isso sua contribuição para tornar mais agradável a visita do cliente. Nas vitrines, além da preocupação com a harmonia e com a dramaticidade desejada, e do necessário destaque dado aos produtos, devem ser lembrados aspectos como o calor ou luz excessivos que certos tipos de lâmpadas irradiam e que podem vir a danificar o que está exposto.

POLÍTICA DE DISTRIBUIÇÃO (PRAÇA)

Mídias indoor

TVs e monitores exibindo vídeos sobre produtos, *making offs* de campanhas publicitárias, desfiles, bastidores da confecção dos artigos e demais temas referentes à atuação da marca são elementos de aproximação com o cliente e contribuem para inseri-lo em seu universo. Adicionalmente, belos filmes exibidos tornam-se também fatores decorativos que estimulam visualmente o cliente.

Apresentação da equipe de vendas e de apoio

Além de constituírem pontos de contato pessoal com a marca, os funcionários presentes no cenário de vendas também estão sujeitos à atenção visual do cliente. Assim, é necessário dedicar a eles os mesmos cuidados que se aplicam ao ambiente da loja. Desde o manobrista, passando por agentes de segurança, copeiros, recepcionistas, equipes de vendas — e qualquer outro profissional que possa estabelecer contato com o cliente —, todos devem se apresentar em sintonia com a imagem da marca que representam. Isso inclui cuidados com unhas, cabelos, dentes, além de uniforme ou *dress code* adequados e em ótimo estado.

Algumas empresas optam por adotar uniformes, que devem primar pela elegância e pela coerência com o estilo da marca e podem até contribuir para reforçar sua identidade, com o uso de suas cores consagradas, de logotipos e outros detalhes característicos. Os uniformes oferecem ainda possibilidades de criação de parcerias interessantes, que conferem prestígio mútuo às marcas envolvidas. Um exemplo dessa ideia são hotéis e restaurantes que convidam estilistas renomados para desenvolver esses modelos. Além de reforçar eventuais atributos da marca, como elegância, estilo e exclusividade, esse tipo de ação tem potencial para atrair o interesse de clientes, jornalistas e de outros formadores de opinião, o que é bastante positivo.

Algumas marcas dedicadas ao vestuário optam pelo uso de seus próprios *looks* nas equipes de vendas. Nesse caso, os profissionais funcionam também como modelos vivos para as coleções. Quando não se utilizam uniformes nem peças das próprias coleções, é necessário estabelecer um *dress code* detalhado para as equipes que garanta sua adequação aos padrões da marca, ainda que com um pouco mais de liberdade.

Itens utilitários

Também xícaras, copos, talheres, canetas, materiais de divulgação e todos os demais objetos expostos ao olhar do cliente devem ser impecáveis em estilo e estado, e harmônicos com o ambiente e com a imagem adotada pela marca.

Audição

Os estímulos auditivos, bem administrados no ambiente de vendas e nas mídias digitais, podem imprimir sensações positivas e ajudar a reforçar a personalidade da marca. São simbolismos sonoros do que ela representa. Para isso, alguns pontos devem ser lembrados.

Playlist

A trilha musical ambiente adequada é mais um elemento para o bem-estar do cliente durante a experiência de compra, além de ser outra oportunidade de se reforçar a imagem. Logo, deve ser selecionada em linha com o estilo da marca e da natureza da atividade que ela desenvolve. Em negócios que requerem mais tempo para as decisões de compra, apresentação de um número maior de informações técnicas e até negociações mais complexas, como as joalherias, por exemplo, as trilhas mais suaves e em volume mais baixo são mais adequadas, assim como nos spas e hotéis tradicionais. Marcas destinadas a públicos mais jovens, geralmente, têm mais afinidade com trilhas mais modernas, dançantes e volumes mais elevados. Aqui, como nos demais pontos de contato da marca de luxo com o cliente, importa a coerência.

Discurso das equipes de atendimento

Todos os profissionais envolvidos na assistência ao cliente devem adotar discurso informativo e gentil — consultores de vendas, caixas, recepcionistas, telefonistas e todos os que estabelecem contato com ele. São importantes o tom de voz agradável, o vocabulário cuidado, a correção verbal, independentemente do estilo estabelecido para a marca. A eventual informalidade não deve ser confundida com displicência ou deselegância.

Especialmente para a equipe de vendas (mesmo de atendimento remoto), é determinante também o conhecimento sobre a marca e seus produtos, que deve ser comunicado ao consumidor. Esse discurso abrange tanto assuntos referentes a estilo e tendências quanto informações de ordem técnica. Embora o consumo de luxo seja predominantemente orientado pela emoção, os aspectos técnicos devem ser dominados pelos consultores. O cliente com frequência aprecia saber mais sobre os produtos que pretende adquirir, ainda que seja para reforçar e justificar internamente sua escolha.

Olfato

O olfato é considerado o sentido que tem acesso mais direto ao cérebro e o mais ligado às emoções e à memória humana. Assim, os diversos aromas podem acessar recordações guardadas no inconsciente e revelam-se outra boa oportunidade de criar vínculos positivos com o cliente. Sobre esse aspecto, valem alguns cuidados.

Fragrâncias de ambiente

Os perfumes para uso ambiente podem constituir elementos para o reforço da identidade das marcas. Uma vez reconhecidos e apreciados pelo cliente, tornam-se mais um vínculo sensorial com elas. Diversas empresas dedicadas ao marketing olfativo desenvolvem fragrâncias personalizadas que, ao se consolidarem pelo uso prolongado, passam a ser reconhecidas e associadas a determinada marca. Muitas vezes esses aromas tornam-se tão apreciados que vêm a ser comercializados a pedido dos próprios consumidores. Nas entregas de compras realizadas no mundo virtual, o aroma é bem-vindo nas embalagens dos produtos. Assim, o consumidor recebe um pouco da personalidade da marca em seu endereço.

Perfumes da equipe

A atenção às fragrâncias utilizadas pelos membros da equipe de atendimento também é importante. No caso de espaços dedicados especificamente à comercialização de perfumes, é preferível que os profissionais não utilizem nenhuma fragrância, de forma a não interferir na experimentação e escolha por parte do cliente. Nos demais segmentos, as fragrâncias devem ser sofisticadas, discretas e, de preferência, assinadas pela própria marca, se esse for um de seus produtos.

Ventilação

Complementando a preocupação com o olfato, não se pode esquecer a ventilação adequada do espaço, nem negligenciar a manutenção de condicionadores de ar, exaustão de copas e sanitários ou outras eventuais fontes de odores.

Tato

O maior órgão do corpo humano é a pele, responsável pelo tato. Este sentido é capaz de detectar perigos: calor excessivo, objetos cortantes, entre outros. Por outro lado, o toque agradável pode criar proximidade emocional, e as diversas propriedades táteis fazem conexões com significados simbólicos. Consequentemente, tudo a que o consumidor tiver alcance — elementos acessíveis ao toque — deve ser observado na busca de uma recepção inesquecível.

Matérias-primas utilizadas nos produtos

O tato funciona como um seletor natural de insumos de alto nível. Nos produtos, além de revelar a excepcionalidade dos materiais empregados, eles transmitem a sensação de conforto e acentuam o desejo de mantê-los por perto.

Materiais de suporte

Guardanapos, folheteria de divulgação de produtos e serviços, papéis para anotações e todos os itens de conveniência ao alcance do cliente devem, igualmente, oferecer toque agradável e sensação de qualidade.

Mobiliário

A intenção sempre é a permanência do cliente por mais tempo no ambiente de vendas e seu retorno frequente. Assim, o conforto do mobiliário também pode constituir um elemento de acolhimento, pelo efeito sensorial que provoca.

Mais sobre o toque nos produtos

Também relacionado ao tato, convém lembrar a importância do contato físico do cliente com o produto durante o atendimento. Tê-lo em mãos estimula a criação de vínculos, antecipa a sensação de posse e pode, muitas vezes, ser um fator decisivo para a compra. Não é à toa, por exemplo, que, nas concessionárias, o cliente é encorajado a entrar nos automóveis; e, em lojas de vestuário e acessórios, é estimulado o toque e a experimentação dos produtos.

Paladar

Finalmente, é necessário "dar sabor" à experiência de compra. Tal como nas residências, o acolhimento ao visitante passa pela oferta de sabores que imprimam boas lembranças gustativas. Além disso, essa atitude demonstra que a presença dele é importante e bem-vinda.

Um espumante refinado, um café caprichado, comidinhas sofisticadas e saborosas, um chocolate surpreendendo no travesseiro do hotel, todos são detalhes que reforçam os laços entre a marca e o cliente. Nas entregas de compras virtuais, cabe também a surpresa de um docinho elegante e saboroso.

POLÍTICA DE COMUNICAÇÃO (PROMOÇÃO)

A comunicação cumpre o papel de disseminar entre o público o conjunto de atributos e valores que a marca busca representar, incluindo aqueles referentes a seus produtos e serviços. Quando se trata de marcas de luxo, o estímulo à compra acontece de forma mais subliminar, sutil, já que, nesses casos, são mais relevantes para a decisão os atributos emocionais e subjetivos que as características técnicas do produto e seu preço. Assim, as vendas de produtos de luxo, mais que as dos demais produtos, são, em sua maioria, consequências de ações anteriores de comunicação das marcas e de seu posicionamento de mercado.

Além de transmitir valores da marca, outra importante função da comunicação é mantê-la viva, lembrada e atualizada na mente dos consumidores e admiradores. Um nome esquecido tende ao desaparecimento do mercado.

A comunicação de uma marca é destinada mais comumente aos seus consumidores. Porém, ela deve levar em consideração também os demais públicos que, em algum grau, impactam sua atuação ou são por ela impactados. Esse conjunto de públicos, ao qual damos o nome de *stakeholders*, reúne clientes, funcionários e suas famílias, fornecedores, imprensa, entidades reguladoras e instituições governamentais, moradores do entorno de suas instalações, para mencionar os mais evidentes.

Antes de comentar aspectos específicos da política de comunicação, é importante lembrar que, numa marca, tudo comunica. Seria reducionista pensar que a propaganda ou a interação via redes sociais ou eventos são seus únicos porta-vozes. Todos os aspectos da atuação da marca são parte de sua comunicação: embalagem dos produtos, aspecto e localização das lojas físicas, vitrines, ações sociais desenvolvidas por ela, comportamento de seus embaixadores, *mix* de produtos, estilo de atendimento, *design* dos canais digitais, apenas para citar alguns exemplos. Enfim, a marca fala algo sobre si mesmo quando não é essa a sua intenção.

A comunicação do luxo num mundo digital

Além de proporcionar em grande medida a já mencionada democratização do conhecimento sobre as marcas de luxo, o advento da internet revolucionou o processo de comunicação das marcas de outra forma: dando voz a um consumidor cada vez mais exigente e conhecedor do poder de fogo da disseminação de suas opiniões.

Sites, *blogs* e redes sociais permitem que qualquer indivíduo afetado pela atuação de uma empresa se posicione publicamente a respeito dela. E mais: que tenha sua opinião reproduzida entre seus seguidores, que podem compartilhá-la com seus próprios contatos, e assim por diante.

Para as marcas, essa realidade possibilita multiplicar seus admiradores e repercutir opiniões positivas a seu respeito. Por outro lado, isso retirou das empresas a exclusividade da administração de sua comunicação. Qualquer um pode falar sobre as marcas e tem também potencial para causar arranhões em sua imagem, já que opiniões negativas por vezes publicadas igualmente se multiplicam — e, de modo geral, com força até maior que as positivas.

Do ponto de vista da sociedade, essa comunicação mais abrangente e de mão dupla e o consequente empoderamento dos diversos públicos são bastante positivos, pois impõem às empresas ainda maior cautela e consciência na gestão de seus negócios e de sua reputação.

Os consumidores mais conscientes e poderosos demandam das companhias atitudes mais responsáveis, não apenas em relação à qualidade de seus produtos e serviços, e ao atendimento que elas oferecem, mas também quanto à adoção de práticas mais éticas e à atenção aos impactos sociais e ambientais decorrentes de sua atuação. Da mesma maneira que para os demais negócios, o mundo digital encarregou-se de expor as marcas de luxo a oportunidades — e riscos — maiores. Além de revolucionar a forma como as empresas se comunicam e comercializam seus produtos e serviços, a internet vem revolucionando a maneira pela qual elas atuam, o que é muito bom!

Voltando à gestão de comunicação, especificamente, as mudanças trazidas pelo advento da internet demandam que as diversas marcas sejam mais sensíveis à opinião pública, e mais ágeis e efetivas em suas respostas. A presença digital consistente é indispensável para as marcas de luxo nesse mundo de conveniência, conexão, mobilidade e velocidade em que o físico e o virtual vêm se tornando uma coisa só.

Se a comunicação tornou-se mais complexa, requerendo a administração de múltiplos canais, isso significa também a oportunidade de maior proximidade com o cliente, de mais conhecimento sobre ele, seu estilo e suas preferências. E, naturalmente, a oportunidade de oferecer-lhe mercadorias e serviços adequados ao seu perfil, com chances de acerto e satisfação muito mais amplas.

Harmonia entre conteúdo e forma

Como já se mencionou, um dos pilares da arte de gerir de maneira eficiente uma marca é a coerência. Logo, a comunicação da marca de luxo requer que conteúdo e forma atuem em uníssono entre si e em relação aos atributos e valores por ela representados. Isso significa lançar mão de instrumentos, linguagem e canais que se adequem à natureza dos produtos e serviços oferecidos, ao perfil do seu consumidor e à imagem de que deseja desfrutar entre seus diversos públicos.

Nesse sentido e levando em conta que estão em questão itens de alto custo e qualidade superior, é necessário que todos os elementos da política de comunicação reforcem esse posicionamento.

A forma

No que diz respeito à forma, a adequação se traduz no uso de suportes materiais de alto nível. Na comunicação impressa (anúncios, convites, *folders*, cartões, embalagens etc.), isso é alcançado pela utilização de papéis mais nobres, de maior gramatura e melhor acabamento. Manifesta-se também na alta qualidade gráfica e no *design* cuidado, artístico e profissional. Na comunicação audiovisual, esse é o caso de imagens e som em alta resolução e na produção impecável, apenas para mencionar algumas dessas escolhas.

É necessário lembrar que conteúdo e forma se completam na elaboração da comunicação eficiente e adequada. Em outras palavras, a apresentação de uma peça de comunicação também se torna parte de seu conteúdo.

No mundo virtual, a escolha da forma adotada na comunicação é possivelmente ainda mais determinante. Isso ocorre porque, nele, estão ausentes alguns dos elementos de suporte à marca encontrados no ambiente físico. Entre esses elementos estão: o marketing olfativo, a nobreza da decoração, a iluminação correta, a elegância dos consultores de vendas, sua voz e argumentos, o calor humano, a seleção musical correta, o toque e experimentação dos produtos e até gentilezas gustativas.

Para reproduzir nos canais digitais a personalidade da marca e a aura de encantamento e refinamento encontradas nas butiques do mundo real, é necessário investir no rigor estético das páginas e, evidentemente, em navegabilidade amigável e ágil. Quanto à apresentação dos produtos, é fundamental empregar reproduções fotográficas impecáveis e que possibilitem a identificação de detalhes, de modo a compensar a impossibilidade de tocá-los e experimentá-los. A tecnologia oferece, todos os dias, novos e melhores recursos para isso. E, assim como no mundo físico, vale aqui a filosofia de que "menos é mais". Ou seja, quanto menos produtos são apresentados juntos, melhor a comunicação da sua importância e exclusividade.

O conteúdo

É natural — mais uma vez lembrando a necessidade de coerência em todos os aspectos da gestão das marcas de luxo — que o conteúdo apresentado nos diversos canais de comunicação seja adequado ao posicionamento da marca e ao perfil do cliente que ela pretende conquistar ou manter.

Além dos cuidados com o vocabulário e a relevância dos assuntos tratados, outro aspecto importante é a parcimônia no emprego de dados técnicos e adjetivos para a descrição de produtos e serviços. Essa recomendação não se refere apenas a um recurso de estilo, mas também à demonstração de um comportamento confiante. Quanto mais consolidada é a marca, menos necessidade há de discorrer sobre sua tradição ou sobre a qualidade daquilo que ela oferece. Essa "economia" textual tende a reforçar a importância da marca. Afinal, a mensagem subliminar é de que aquele logotipo garante todos os atributos de seus produtos e serviços.

Mais adiante, serão elencados alguns temas que costumam resultar em conteúdo relevante e envolvente na comunicação das marcas de luxo.

Storytelling: conteúdo e conhecimento a serviço da emoção

> "O produto de luxo é um produto que conta uma história"
> [Castarède, 2005:93].

O consumidor da atualidade é bombardeado diariamente por inúmeras mensagens de cunho publicitário. Elas vêm de *outdoors* e *busdoors* nas ruas, *banners* e *pop-ups* em *sites*, *posts* patrocinados nas redes sociais, malas diretas impressas, anúncios em jornais e revistas, estímulos diversos nas vitrines, contatos via telemarketing, mensagens de *e-mail* marketing, e a cada dia surgem novas formas e canais de abordagem. É um desfile sem fim de produtos e marcas brigando pela atenção e pelo interesse dos potenciais clientes. E, presumivelmente, as marcas de luxo também concorrem por essa atenção, ainda que de forma mais sutil.

Nessa disputa, diversas marcas vêm investindo no *storytelling*, ou "contação de histórias", em tradução livre. A ideia é conquistar a atenção e a simpatia do público por meio de narrativas envolvendo a marca. Embora não seja uma exclusividade das marcas de luxo, a prática se adequa com perfeição a elas, que, muitas vezes centenárias, têm muitas histórias fascinantes para contar.

O *storytelling* não é uma novidade, mas tem sido desenvolvido, recentemente, por profissionais cada vez mais especializados, o que garante maior efetividade a essas ações.

Entre as sugestões de temas a serem abordados via *storytelling*, há os fatos históricos da atuação da marca, o processo de concepção e fabrico dos produtos, a inspiração de suas coleções, a trajetória de seu criador e de sua família, momentos em que a empresa se fez presente em ocasiões felizes da vida de seus clientes... Enfim, fatos reais, porém narrados de forma lúdica, a fim de encantar e criar conexões emocionais mais fortes com o cliente.

Outra forma de *storytelling* é a criação de obras de ficção que associam a marca a uma narrativa, o que também pode contribuir para criar vínculos emocionais com ela. Nesse caso, é indispensável tornar claro para o expectador o caráter ficcional da história. A ideia não é enganar o público a respeito da marca, o que afetaria sua credibilidade, e sim envolvê-lo por intermédio da narrativa artística.

Um exemplo clássico de *storytelling* no universo do luxo vem do cinema, já em 1961. O filme *Bonequinha de luxo*, com Audrey Hepburn, trazia o nome da joalheria Tiffany & Co. no próprio título original, *Breakfast at Tiffany's*, e a butique da marca tinha papel de destaque na trama. O sucesso da história contribuiu para elevar a notoriedade e o respeito à marca como símbolo de elegância e objeto de desejo mundial.

O mercado editorial também fornece bons exemplos ligados ao *storytelling* no universo do luxo. O livro *A viúva Clicquot* conta a envolvente história da criação da casa de champanhe e a trajetória de sua fundadora, Barbe-Nicole Clicquot Ponsardin, uma das primeiras mulheres a liderar um império comercial internacional nos séculos XVIII e XIX, sob a marca Veuve Clicquot. Mas muitas outras marcas do setor vêm publicando suas histórias em livros de acabamento primoroso, com a inclusão de belas imagens de seu acervo fotográfico. Baccarat, Dior, Chanel, Bulgari e Porsche são apenas algumas delas.

Até a publicidade das marcas veiculada em canais digitais ou mais tradicionais, e também sua participação nas redes sociais, tem se valido de boas histórias na busca de emoção e envolvimento com seus públicos.

Maison de Champagne Veuve Clicquot, Reims, França, 2014

Alguns temas sugeridos para a comunicação das marcas de luxo

Diante de muitos pontos já abordados aqui, como algumas características comuns às marcas de luxo bem-sucedidas e tópicos de grande atratividade para seus públicos, observam-se alguns eixos temáticos especialmente adequados à sua comunicação e que merecem ser listados.

A tradição da marca

A tradição é um grande ativo para marcas de luxo consolidadas. Consequentemente, ela constitui um dos temas centrais de sua comunicação. Conhecer a história de uma trajetória fascinante, movida por um tanto de paixão, como acontece com várias das marcas de luxo de sucesso, é um prazer para quem as admira. Esse conhecimento contribui para a valorização da escolha do cliente, conferindo a ele orgulho e carinho pelo produto adquirido. Adicionalmente, ele reforça o desejo, a admiração e a sensação de pertencimento à marca, além de estreitar os vínculos emocionais com ela. O consumidor que sabe mais sobre a história da marca que admira tem também a oportunidade de difundir essas informações em seu grupo social, o que pode se revelar encantador.

Importa reforçar que a tradição não desempenha, sozinha, o papel de atração de novos consumidores ou a manutenção dos antigos. Ao contrário, o olhar voltado exclusivamente para o passado pode mesmo depreciar marcas bem-sucedidas. Para garantir a continuidade de sua aceitação, é necessário que a marca esteja sempre atuando para a construção de novas histórias de sucesso, que se demonstre contemporânea sem desmerecer o passado. Esse equilíbrio entre tradição e inovação deve transparecer também na comunicação das marcas. O sucesso passado, por mais glorioso que seja, não garante o sucesso futuro.

O conhecimento sobre o produto

O nascimento de um produto de luxo muitas vezes é belo como o de uma obra de arte. Ele resulta de um trabalho em grande parte artesanal, desenvolvido com minúcia por mãos treinadas. Tornar público esse momento demonstra o rigor, a complexidade e o carinho que ele envolve. Assim, esse processo é outro tema a ser destacado na comunicação das marcas de luxo. Pense na produção dos bons vinhos, na confecção manual de um calçado exclusivo, na elaboração artesanal de uma joia, e você perceberá o quanto isso pode ser emocionante.

O estágio anterior à produção de um bem de luxo também produz boas histórias. A inspiração que levou à sua criação é um assunto sedutor, e frequentemente desperta grande interesse no consumidor. Se a obra de um pintor motivou a concepção de um belo produto, conhecer mais sobre ela e reconhecer suas influências sobre o *design* resultante transfere para o produto ainda mais valor.

Interessa notar que mesmo informações técnicas sobre o produto, quando comunicadas de forma competente, têm potencial para despertar interesse e paixão. Quanto mais o consumidor sabe sobre um item, maior admiração tende a ter por ele. Algumas categorias são especialmente beneficiadas pela divulgação de informações de cunho técnico. Apenas como exemplos, lembremos os relógios, os automóveis de luxo, as pedras preciosas, os bons vinhos, entre outros. Esse conhecimento adquirido contribui para a formação de uma cultura sobre determinado assunto. Dotado dessa cultura, o consumidor avalia melhor os produtos e serviços e torna-se mais envolvido com eles. E pode inclusive experimentar o prazer de multiplicar seus conhecimentos em seu grupo social.

Como exemplo do valor do conhecimento na avaliação de itens de luxo, tomemos a pedra preciosa turmalina Paraíba. Sua grande beleza é, por si só, um motivo de atração. Porém, bem informado sobre ela, o consumidor descobre sua composição físico-química única, que resulta na cor de efeito neon, luminosa. Descobre também o quanto essa variedade de gema é rara, com poucas ocorrências fadadas ao breve esgotamento, o que significa que logo não haverá mais exemplares disponíveis na natureza. Esse conjunto de informações faz com que, já seduzido pela beleza da pedra, o consumidor torne-se ainda mais fascinado e passe também a entender melhor os altos valores que ela alcança no mercado. O mesmo acontece com um automóvel equipado com tecnologias de última geração, um relógio dotado de "complicações", uma bebida especial ou uma bolsa elaborada por mãos de artesãos formados ao longo de anos, que pode levar dias para ser finalizada.

Outro benefício trazido pela comunicação competente de aspectos técnicos dos produtos de luxo é que, muitas vezes, o consumidor busca, inconscientemente, atributos tangíveis que reforcem uma escolha motivada em especial pela paixão. Para um consumidor apaixonado por um veículo de luxo graças ao seu *design* ou ao *status* elevado que ele pode representar, por exemplo, conhecer mais sobre o excelente desempenho e alta qualidade corrobora o acerto de sua escolha com argumentos mais racionais. É como se os detalhes técnicos do produto constituíssem melhores justificativas para o alto preço que ele se propõe a pagar do que unicamente seu próprio prazer.

Licença para o humor

Possivelmente, muito em função da maior democratização do luxo e de sua presença no cotidiano de um número maior de pessoas de todas as classes e idades, as marcas de luxo têm se permitido incluir o humor em suas políticas de comunicação. Trata-se de mais uma forma de atrair atenção e envolver o consumidor em sensações positivas. Nesse caso, de alegria.

Esse é o caso da italiana Dolce & Gabbana, que transformou seus estilistas, Domenico Dolce e Stefano Gabbana, em mascotes e embaixadores da marca pelo mundo. Os simpáticos personagens invadiram as vitrines e acessórios da grife, e, como bonecos humanos, rodaram o mundo, interagindo com fãs de Londres, Tóquio, Milão e muitas outras cidades. Assim, tornaram-se sucesso e deram visibilidade à marca também nas redes sociais e veículos de imprensa.

A francesa Louis Vuitton também utilizou em suas vitrines embalagens de presente dotadas de olhos que piscavam sutilmente enquanto eram observadas pelos passantes curiosos.

Mantido o rigor já descrito com o conteúdo, a forma e os canais de comunicação, necessário à adequada transmissão das mensagens das marcas de alto padrão, não há por que excluir dela o humor. O sucesso das marcas de luxo depende de excelência, não de sisudez.

A emoção

Finalmente, a decisão de compra de itens de luxo não se apoia somente na utilidade do produto; nela valem em particular os sentimentos e sensações que eles despertam — seja a alegria de presentear alguém que se ama, a celebração de uma conquista, a realização de um desejo de longa data, a demonstração da importância de alguém em nossas vidas, um gesto de autoestima, a busca da autoconfiança, o desejo de pertencer socialmente a determinado grupo ou a vontade de eternizar um momento feliz. Essas emoções devem estar presentes na comunicação das marcas de alto padrão, estimulando a criação de vínculos com seus consumidores.

O conforto de um hotel de primeira linha é importantíssimo e necessário, assim como a qualidade dos serviços que ele oferece. Mas realmente decisivo na escolha ou no retorno do hóspede é a forma como ele se sente durante sua estada, as sensações e ligações que dele se apossam. Do mesmo medo, é imprescindível que um diamante de grande beleza tenha também alta qualidade. Mas são as emoções que a compra, o recebimento ou o uso irão suscitar e os sonhos que esses momentos envolvem que vão decidir, de fato, a escolha e a aquisição.

Logo, pode-se afirmar que despertar emoções positivas é o principal papel da comunicação das marcas de luxo e deve ser seu tema principal. Felizmente, as emoções humanas são fonte inesgotável de inspiração.

A seleção dos veículos

Na publicidade, também a escolha dos veículos para publicação deve levar em conta a adequação ao perfil dos consumidores da marca e à sua própria imagem. Para anunciar produtos e serviços diferenciados, é natural optar pela publicidade em canais fechados de TV, revistas de alto padrão editorial e gráfico, *site*s e *blogs* elegantes e respeitados, mídias externas de localização nobre. Além, claro, dos canais mantidos pela própria marca.

Ainda sobre esses espaços, não é demais lembrar os mesmos cuidados apontados em relação à vizinhança das lojas físicas. Tal como ocorre nos pontos de venda, também no mundo digital e nos veículos impressos e audiovisuais, os anunciantes que compartilham espaços dizem muito uns sobre os outros, reforçando ou confundindo seu posicionamento. A "vizinhança" num veículo de comunicação deve, portanto, ter alguma afinidade de perfil de público e posicionamento de mercado com a marca que se pretende anunciar.

Modelos, embaixadores da marca e influenciadores

Os embaixadores são personalidades ou profissionais de destaque em suas atividades, a quem é confiada a missão de representar as marcas. Em geral, eles são mais que modelos de campanhas publicitárias, encarregando-se de utilizar publicamente os produtos da marca em eventos e/ou em suas atividades rotineiras e nas suas redes sociais, entre outras possibilidades.

A escolha desses representantes das marcas de luxo, assim como os modelos de suas campanhas publicitárias e os chamados influenciadores, digitais ou não, eventualmente contratados, deve recair sobre indivíduos que se identifiquem com elas em termos de estilo e comportamento, que gozem de credibilidade e de fato aparentem ter afinidade com a marca e seus produtos. A escolha adequada pode conferir ainda mais prestígio; a inadequada pode arranhar ou distorcer a imagem para ela concebida.

Relacionamento omnichannel

Como já se observou, é grande o número de canais que podem ser disponibilizados para a comunicação entre marca e cliente, e se mostra cada vez mais necessária a integração entre eles, que resulta no chamado *omnichannel*. Nessa dinâmica, canais físicos e virtuais se complementam em um *mix* de atendimento, informação e realização de negócios.

Nesse cenário, a preferência dos consumidores pode transitar entre os diversos canais. Alguns realizam compras no ambiente virtual, outros colhem nele informações que ajudam a decidir as compras na loja física. Há, ainda, aqueles que buscam conhecimento nas lojas físicas e fazem compras no universo virtual. Há quem se comunique com as marcas pelo *site* ou pelas redes sociais, enquanto outros preferem procurar os espaços físicos das empresas para isso. Eles podem ainda escolher o telefone ou o *e-mail*. E muitos variam entre essas possibilidades de acordo com sua conveniência momentânea.

Disponibilizar canais diversos para a escolha do cliente é uma exigência e uma oportunidade extra para estreitar laços com ele. E é decisivo manter tais canais integrados para reconhecer o cliente e prestar atendimento como, quando e onde ele preferir. Desnecessário enfatizar que o cliente espera encontrar o mesmo padrão de excelência em todos os canais oferecidos pela empresa. O conjunto desses canais representa uma só marca, com os atributos e valores que ela promete a seus públicos.

A tecnologia possibilita o imediato reconhecimento do cliente, incluindo seus hábitos de compra e preferências diversas, o que facilita o estabelecimento de uma relação mais personalizada com ele. Porém, nos negócios dedicados ao luxo, que envolvem clientes extremamente exigentes e que buscam a individualização do atendimento, ferramentas assim devem funcionar como suporte para o trabalho de equipes capacitadas. A soma de recursos tecnológicos com o atendimento pessoal resulta em maiores chances de sucesso junto a esses consumidores.

Manifestações negativas

A expectativa do consumidor em relação às marcas de luxo é a de perfeição — nos produtos e serviços que elas assinam e também nas práticas adotadas em sua atuação. No entanto, todas as empresas estão sujeitas a falhas e mal-entendidos, e as redes sociais têm sido crescentemente o canal escolhido pelos consumidores para expressar suas insatisfações.

A presteza nas respostas e a solução efetiva dos problemas apontados, assim como sua divulgação, podem fazer a diferença na repercussão que esses casos podem ganhar, causando danos à imagem das marcas. Práticas reativas, como excluir comentários desfavoráveis ou ignorá-los, além de não resolver o problema apontado, têm potencial para ampliar a crise, que muitas vezes acaba tomando proporções virais.

Além disso, a manifestação do indivíduo é uma fonte de oportunidades de melhoria e deve merecer atenção adequada das marcas.

Agilidade

Se um dos maiores benefícios trazidos pela tecnologia é a velocidade e, especialmente para o cliente, a conveniência, é fundamental que haja agilidade e efetividade das marcas em suas respostas às demandas de clientes e demais públicos.

Além disso, os canais de comunicação e vendas disponibilizados por uma marca, sejam eles digitais ou não, devem ser constantemente monitorados e atualizados em conteúdo e aparência. Neste último aspecto, do mesmo modo que as vitrines no mundo físico, eles devem atrair a atenção e o interesse do público, jamais tornar-se parte de uma paisagem estática, estagnada.

Se, por algum motivo, não é possível manter todas as vias de comunicação e vendas atualizadas e ativas, é mais aconselhável eleger menos canais, garantindo, porém, o funcionamento e o atendimento impecáveis. Ou seja, mantê-los vivos!

POLÍTICA DE COMUNICAÇÃO (PROMOÇÃO)

Palácio Tangará, São Paulo, Brasil, 2017

Eventos

Os eventos são uma poderosa ferramenta na comunicação do luxo, para construção, manutenção ou rejuvenescimento de imagem, para lançar novos produtos, para manter vivo o relacionamento com seus públicos.

A importância da exclusividade também é observada em relação à organização dos eventos de marcas do setor. O fato de ser convidado deve funcionar para o consumidor como uma demonstração de que a marca reconhece sua importância e preferência. É uma forma de fazê-lo se sentir prestigiado. Por outro lado, para os não convidados, o evento deve despertar o desejo de estar entre os escolhidos na próxima oportunidade e o interesse de conhecer detalhes sobre o que lá aconteceu.

Reforçando a necessidade de coerência, que permeia todo o mix de marketing dos itens de luxo, o evento deve ser desenhado em harmonia com a personalidade da marca: local, cardápio, atendimento em recepção, atrações, decoração, trilha sonora, perfil dos convidados, brindes... Todos os detalhes devem atuar de forma complementar.

No extremo da exclusividade, um formato interessante é o de eventos individualizados ou destinados a pequeníssimos grupos, que frequentemente incluem clientes muito especiais, além de formadores de opinião, como jornalistas e blogueiros respeitados. Eles podem consistir em visitas guiadas às fábricas com demonstração dos processos de produção, na participação da preparação de jantares por *chefs* renomados, em degustações especiais, apresentações privadas de novos produtos ou serviços. Nesses casos, conta ponto a presença do representante mais importante da empresa — seja ele o seu principal executivo ou o diretor de criação —, conferindo aos convidados ainda mais prestígio.

Em outra categoria, há eventos mais festivos, destinados a públicos mais amplos, que concentram celebridades, jornalistas, influenciadores, personalidades, profissionais de destaque em suas áreas, além de clientes especiais. Nessa situação, um dos grandes atrativos para a presença dos convidados é a possibilidade de ver e ser visto num ambiente badalado.

Ao contrário dos eventos privados, os mais amplos costumam merecer grandes espaços nos veículos de imprensa impressa, *blogs*, *sites* e páginas em redes sociais voltados para acontecimentos sociais e celebridades. Adicionalmente, há a repercussão da publicação de informações e imagens nas redes sociais dos convidados e nas mantidas pelas próprias marcas. Assim, além de se destinarem aos presentes, esses eventos alcançam grande visibilidade também entre admiradores da marca que não foram convidados. Essa é outra de suas finalidades.

Muitos dos principais clientes das marcas preferem o anonimato, a discrição, por isso é comum que optem por não comparecer a festas de maior público ou repercussão. Porém, independentemente de sua presença, eventos bem conduzidos desse tipo cumprem papel importante na estratégia de comunicação das marcas.

Os eventos também podem ser uma forma de praticar o *storytelling*. Em resposta ao grande interesse do público em geral pelos bastidores das marcas de luxo, o grupo LVMH vem realizando há alguns anos os chamados "Les Journées Particulières" ("Dias Especiais", em tradução literal). Eles consistem em um curto período em que diversas marcas do conglomerado abrem as portas de seus ateliês para visitas guiadas. O evento é gratuito e aberto a qualquer interessado em assistir ao nascimento de produtos que admiram, sendo necessária apenas inscrição prévia.

Também a francesa Hermès já levou a diversas cidades pelo mundo a exposição Leather Forever, que conta a história da marca por meio do couro, a principal matéria-prima de seus produtos. Nela são exibidos itens icônicos, criações customizadas que marcaram a trajetória da marca, as matérias-primas dos produtos em grande profusão de cores e também objetos de coleções atuais.

Relações públicas/assessoria de comunicação

A atividade de relações públicas trata da interação de uma empresa com seus mais variados públicos — os já referidos *stakeholders*. Entre suas atribuições estão as relações com a imprensa e, hoje, também com os responsáveis pelo conteúdo de *blogs* de tendências, *sites* e perfis de formadores de opinião em redes sociais, os chamados influenciadores digitais. Graças a essa nova abrangência, as tradicionais empresas de assessoria de imprensa têm adotado crescentemente a denominação "assessorias de comunicação", que melhor reflete a ampliação do escopo de sua atuação. Muitas delas responsabilizam-se, em conjunto com os departamentos de marketing e comunicação das empresas, por administrar também as páginas em redes sociais.

Não é difícil avaliar a importância dessas atividades quando se pensa no peso que a opinião de um jornalista ou blogueiro influente pode representar. Um anúncio, seja ele veiculado em mídia de rua, impressa, audiovisual ou digital, é parte importantíssima no *mix* de comunicação, porém, ele representa a palavra da marca sobre ela própria.

Em contraste, a publicação de matéria, nota ou *post* a respeito de um lançamento, produto ou marca por um profissional idôneo e influente tem valor diferenciado. Ela traz implícito o aval desse indivíduo, que é responsável pelo conteúdo que publica e, assim, pelo interesse potencial que o assunto despertará em seus leitores. Logo, ao publicar um elogio ou contribuir para a divulgação de um produto, serviço ou marca, o profissional está transferindo para eles um pouco de sua credibilidade. Reside aí o valor dessas publicações.

Para despertar o interesse dos veículos de comunicação, é necessário que as marcas forneçam a eles assuntos adequados à sua linha editorial, que contenham uma boa dose de novidade e, portanto, potencial para atrair a atenção dos leitores.

No universo do luxo, são exemplos de tópicos usualmente bem-vindos uma nova matéria-prima empregada na confecção do produto, a escolha de uma personalidade de peso para representar a marca, o valor extremamente elevado de um item fora de série, uma pedra preciosa incrivelmente rara, um evento exótico, criativo ou extremamente sofisticado, séries limitadas de determinado produto ou modelo, parcerias inovadoras, embalagens temáticas, entre muitos outros.

Importa ressaltar que se faz referência aqui às publicações que emitem opiniões e coberturas espontâneas. Editoriais de cunho publicitário, ou seja, remunerados pelas marcas, devem ser, tanto nas mídias tradicionais quanto nas digitais, sinalizados de acordo com sua função. É direito do leitor conhecer a natureza dessas publicações.

Patrocínios

A concessão de patrocínios a eventos é outra forma de dar visibilidade à marca e apoiar causas e iniciativas com as quais a empresa se identifica.

Tal qual ocorre com a seleção de embaixadores e modelos, a escolha de eventos a serem patrocinados deve recair sobre aqueles que atraiam públicos afins aos atendidos pela marca e que representem valores similares aos seus. Bons exemplos de eventos patrocinados com sucesso por marcas de luxo são os voltados para esportes mais exclusivos, como golfe, polo, tênis e esportes náuticos. E também aqueles de cunho cultural, como os voltados para a música e as artes plásticas e os que se destinam ao apoio a instituições de caridade.

PARTE III

REFLEXÕES SOBRE O LUXO E ALGUNS DE SEUS SEGMENTOS

LUXO E RESPONSABILIDADE SOCIOAMBIENTAL

A preocupação das empresas com o impacto social e ambiental decorrente de sua atuação felizmente tem crescido.

Além da conscientização por parte de algumas delas, há a positiva influência exercida pela sociedade, que acaba por contribuir para regular, via pressões de mercado, algumas atividades. Os consumidores, em especial os mais jovens, vêm buscando maior engajamento com as empresas que compartilham de suas convicções: mais que "o que" comprar, questionam "por que" comprar de determinada marca, e, consequentemente, por que não comprar de outra. Como já se disse, observa-se hoje a escalada da valorização de propósitos relevantes na condução das organizações.

Os diversos segmentos do luxo, tradicionais difusores de tendências para outros modelos de negócios, têm condições de assumir papel de destaque nesse movimento em busca de práticas corporativas mais sustentáveis. Em primeiro lugar, parte importante de seu sucesso reside no controle rigoroso da qualidade dos insumos que utilizam em seus produtos e serviços. Tal controle implica maior proximidade com os fornecedores, conhecimento das origens dessas matérias-primas, logo permite a detecção e rejeição de fontes que adotem práticas não responsáveis.

Também no ambiente interno das empresas dedicadas ao luxo, é de esperar uma atuação de maior consciência. O treinamento de um artesão pode levar anos, e geralmente é longa sua permanência numa companhia. Diante dessa duradoura convivência, é natural a expectativa de que elas garantam o bem-estar e a justiça entre seus colaboradores, o que, além de edificante para o próprio funcionário, também resulta em maior desenvolvimento econômico-social para as comunidades localizadas no entorno de suas instalações.

Em terceiro lugar, a qualidade/durabilidade dos produtos é um dos pilares do luxo e combina perfeitamente com a ideia de adquirir menos itens e desfrutar deles por mais tempo. Um produto dessa categoria tem vocação para passar por gerações, o que contrasta com o ritmo acelerado de compra e descarte que move a *fast fashion*, por exemplo.

Algumas iniciativas positivas têm surgido no setor. Na moda, nomes como Viviane Westwood e Stella McCartney adotam há anos materiais recicláveis ou alternativos aos de origem animal e demonstram preferência por fibras orgânicas em suas criações. A grife italiana de *cashmere* Loro Piana criou, no início dos anos 2000, iniciativa que salvou da extinção as vicunhas no Peru, estimulando e fiscalizando a adoção de bons tratos para os animais e garantindo às comunidades andinas a exclusividade na extração e comercialização daquele que é conhecido como o pelo mais macio oferecido pela natureza. Mais que garantir a continuidade do fornecimento de sua mais importante matéria-prima, a empresa estimula, dessa forma, práticas sustentáveis. O estilista Giorgio Armani anunciou, em 2016, o banimento da pele natural de suas coleções, o que vem acontecendo também em marcas como Versace, Givenchy, Gucci e Burberry. E a francesa Hermès, embora permaneça adotando materiais de origem animal, investe, desde 2010, na Coleção Petit H, que utiliza retalhos de couro, antes descartados, na criação de peças únicas. Também já foi anunciado por algumas dessas marcas o abandono da prática de destruir produtos não vendidos de coleções passadas. Busca-se agora sua renovação criativa para reúso.

A indústria de cosméticos, por sua vez, vem utilizando cada vez mais insumos vegetais ou sintéticos, e algumas marcas têm abolido os testes em animais. Alguns representantes da gastronomia de alto padrão também adotam iniciativas como a aquisição exclusiva de ingredientes de origem ética e a rejeição dos produzidos em locais muito distantes, para minimizar a poluição causada pelo transporte. Até o tradicional *foie gras*, o fígado de ganso, tem gerado polêmicas pelo sofrimento imposto às aves para sua produção e já foi excluído de alguns cardápios.

A extração de pedras e metais preciosos envolve alteração substancial do cenário natural e utilização de produtos químicos. Diante disso, a indústria tem buscado alternativas viáveis para as gemas. Os diamantes cultivados, tradicionalmente rejeitados pela joalheria, começam a alcançar maior aceitação, e foi inaugurada em Londres a Lark & Berry, a primeira marca que adota exclusivamente pedras criadas pelo homem e faz disso seu diferencial de mercado.

Outras iniciativas dedicam-se ao desenvolvimento de materiais que possam substituir esteticamente outras gemas. Essas novas matérias-primas não trazem consigo o significado simbólico de minerais cultivados pela natureza ao longo de milhões de anos. Contudo, seu apelo diante dos consumidores vem exatamente da preservação, em alguma medida, dessa mesma natureza.

Em paralelo a tais esforços, ainda em consolidação, nomes importantes da joalheria têm se voltado para questões ligadas à responsabilidade social. Buscando evitar a exploração (des)humana nos garimpos e o financiamento de conflitos como os retratados no filme *Diamante de sangue*, de 2006, há certificados destinados a controlar a procedência dos diamantes e outras gemas. Várias marcas já adquirem apenas pedras certificadas.

A suíça Chopard investe, desde 2013, no *fairmined gold* (ouro minerado de forma justa), proveniente de origens controladas, de minas que adotam extração ética e artesanal. Dessa forma, ela procura estimular o desenvolvimento social das comunidades envolvidas na extração, condições dignas de trabalho e redução do impacto ambiental. O "ouro ético", primeiramente empregado em 2014, em um dos modelos de relógios da marca, vem sendo crescentemente utilizado também em suas coleções de joias.

Outro exemplo, menos conhecido, é o da Brilliant Earth, da Califórnia, cujo posicionamento é inteiramente voltado para o estímulo de práticas sustentáveis. Platina e ouro utilizados em suas joias são reciclados, a fim de evitar novas extrações; as gemas provêm de fornecedores de atuação ética e ambientalmente sustentável; e as pérolas são cultivadas em "fazendas" dedicadas a preservar espécies raras de ostra. Os estojos são confeccionados em madeira de reflorestamento, e 5% dos lucros da empresa são destinados a projetos de educação, restauração ambiental e desenvolvimento econômico das comunidades ligadas à mineração. Há todo um posicionamento de marca voltado para a responsabilidade.

Na hotelaria, as iniciativas vão desde os esforços para diminuir as trocas (e lavagens) de toalhas, passando à capacitação e valorização das comunidades vizinhas, reciclagem de água, gerenciamento de resíduos sólidos, tratamento da água usada antes de devolvê-la ao meio ambiente e utilização, nas cozinhas, de ingredientes locais, muitas vezes produzidos dentro dos próprios empreendimentos. Outros investem na recuperação da flora e fauna locais.

Cabe ressalvar novamente que essas e outras iniciativas não decorrem somente da conscientização dos executivos responsáveis pelas marcas. Trata-se também de uma exigência emergente entre consumidores e demais segmentos da sociedade. Os passos já dados são pequenos diante do volume de correções necessárias, já que práticas usuais no passado mostram-se inadmissíveis em nosso tempo. Ainda assim, merecem registro, representando movimentos importantes no sentido de uma atuação corporativa mais ética e sustentável, feliz tendência que vem contribuindo para desenhar o consumo de forma geral — e o consumo de luxo — ao longo do século XXI.

O LUXO DAS DENOMINAÇÕES DE ORIGEM

As siglas variam, mas seu significado é basicamente o mesmo. DOC significa "Denominação de Origem Controlada" e corresponde a outras, como a francesa AOC (Appellation D'Origine Contrôlée), a também DOC italiana (Denominazione di Origine Controllata), a espanhola DO (Denominación de Origen) e a europeia DOP (Protected Denomination of Origin).

Embora mais conhecidas em relação aos vinhos, essas e outras terminologias podem ser adotadas para muitos outros produtos, incluindo não alimentícios. E, para além da limitação geográfica, elas garantem que a elaboração dos itens protegidos seja conduzida segundo um *savoir-faire* coletivo regional específico, que leva em conta singularidades naturais, culturais, organizacionais e tecnológicas.

No caso do vinho, por exemplo, as regras envolvem a origem, detalhes como a quantidade de videiras plantadas por hectare, o volume produzido, o tipo de vinho, as uvas utilizadas em sua *assemblage* (ou *blend*), volume de álcool, grau de acidez e até fatores históricos.

O vinho do Porto foi o primeiro agraciado com uma denominação de origem, em 1756. No entanto, foi na França que a prática se tornou mais representativa, incluindo itens como os vinhos *bordeaux*, *borgonha* e *champagne*, os queijos *roquefort* e *camembert* da Normandia, e ainda manteigas, cremes, frutas, cereais, mel, pimenta, carnes e embutidos. Na Alemanha, há o vinho do Reno. Na Itália, a *patata* (batata) típica de Bologna, os queijos *parmeggiano* e *grana padano*, o *prosciutto di Parma* — e por aí vai.

A proteção internacional às apelações de origem é garantida pelo Acordo de Lisboa, criado em 1958 e assinado por dezenas de países. Ele exige o registro na Organização Mundial de Propriedade Intelectual (Ompi).

Não é difícil compreender as vantagens trazidas por essas denominações. Elas funcionam como "grifes" que conferem confiança ao consumidor, sinalizando que aquele é um produto especial, de alta qualidade. Adicionalmente, são sinônimos de prestígio e distinção, e o fato de indicarem uma procedência única denota sua raridade. Os selos de origem comunicam atributos naturalmente associados aos bens de luxo. Por conseguinte, os consumidores tornam-se dispostos a pagar, pelos itens assim identificados, preços mais altos do que desembolsariam por outros da mesma categoria, porém não dotados dessa reputação.

Outro benefício dos títulos de procedência é que os produtos que eles chancelam são bastante valorizados no mercado internacional. É importante lembrar, contudo, que eles também promovem o desenvolvimento local e podem até fomentar atividades turísticas.

UPCYCLING: LUXO NASCIDO DO LIXO

Nesses tempos de saudável valorização da economia circular e da sustentabilidade, ganha relevância o *upcycling*. A prática consiste em converter produtos e materiais indesejados em novos itens de melhor qualidade e maior valor que seus antecessores (daí o prefixo *up*). Diferentemente do que ocorre na reciclagem, na "transformação para cima", em tradução livre, produtos já existentes são reaproveitados sem prévia destruição ou intervenções químicas. Eles ganham, assim, um prolongamento de seu ciclo de vida por meio da ressignificação criativa.

Embora a reciclagem também reduza a quantidade de resíduos descartados na natureza e o consumo de novas matérias-primas, muitos defendem que o *upcycling* está um passo à sua frente na questão ambiental. Isso porque o processo de reciclagem ainda envolve consumo de energia, de água e alguma poluição, embora em menor medida que a produção de itens totalmente novos.

Além de representar uma alternativa produtiva mais sustentável, o *upcycling* vem se revelando uma excelente oportunidade de negócios e fonte de inovação para diversas marcas. São exemplos as linhas de vestuário e acessórios que utilizam sacos de cimento e outros tecidos já utilizados, as bijuterias nascidas de cápsulas de café vazias, os móveis feitos com peças de bicicleta ou tambores de metal e uma infinidade de criações que empregam "lixos" cuja decomposição na natureza levaria no mínimo décadas.

A ideia dialoga especialmente com os negócios dedicados a produtos de luxo e *premium*, pois envolve três ingredientes fundamentais nesses universos: a exclusividade, a confecção em grande parte artesanal e uma boa dose de história. Explico: resultante da utilização de objetos em geral diferentes entre si, a maioria das peças nascidas de *upcycling* são únicas ou têm pequenas tiragens. Pelo mesmo motivo, há grande participação de trabalho manual no processo, de forma a extrair dos objetos originais o máximo de seu potencial de beleza e aproveitamento. E, finalmente, os novos bens criados trazem consigo um passado que os torna muito sedutores — puro *storytelling*.

Um exemplo entre as marcas tradicionais de luxo que aderiram ao *upcycling* é o da francesa Hermès, que desenvolve há anos a linha Petit H, utilizando retalhos de pele e couro resultantes da produção de suas famosas bolsas. Pelas mãos de artistas plásticos, nascem obras de tiragem unitária, como esculturas, luminárias, carteiras, chaveiros... Também vale lembrar o casaco elaborado com tapetes usados, que a estilista Sarah Burton apresentou como parte da coleção Primavera 2018 da grife Alexander McQueen. E ainda chama atenção a transformação artística da madeira de *shapes* de *skate* em objetos únicos de decoração.

É a recriação da beleza e do charme em processos nos quais nada se perde; tudo se transforma. A natureza e nossos olhos agradecem.

Peça da coleção Petit H Hermès, Paris, França, 2014

A ALTA-COSTURA

Consta que o termo alta-costura *(haute couture*, em francês*)* foi utilizado pela primeira vez em 1858, numa referência ao trabalho realizado pela *maison* do inglês Charles Frederick Worth. Ele produziu em Paris o primeiro desfile de modas de que se tem notícia, ou seja, o primeiro a utilizar modelos humanos em lugar de cabides (Wikipedia, 2017). De lá para cá, o termo vem sendo muitas vezes empregado de forma genérica para designar peças de vestuário de alta qualidade, exclusivas e de confecção artesanal.

Na verdade, alta-costura é uma denominação protegida por lei desde 1945, algo semelhante ao que acontece com os espumantes da região da Champagne, com o vinho do Porto e com a cachaça brasileira. Assim, desde então, o direito de usar o título é restrito às casas de moda autorizadas anualmente pela Câmara Sindical da Alta-Costura de Paris (Chambre Syndicale de la Haute Couture), instituição subordinada ao Ministério da Indústria da França.

Para fazer parte desse grupo seleto, as *maisons* devem obedecer a regras rígidas, referentes ao número de coleções lançadas por ano, a um mínimo estabelecido de modelos apresentados em passarela em cada uma delas, a uma quantidade mínima estabelecida de funcionários empregados em regime integral. Os membros devem também possuir um ateliê em Paris, entre outras exigências. Algumas poucas *maisons* de outros países podem participar como membros convidados, mas também se sujeitam a uma série de regras.

As criações exclusivas de estilistas que não estão entre aqueles reconhecidos como de alta-costura são normalmente comercializadas como modelos sob encomenda, porém sem a denominação protegida. Em um nível abaixo da alta-costura, encontram-se as peças denominadas *prêt-à-porter* ("prontas para vestir") de luxo. Esses modelos, embora sejam também considerados de alto padrão, são confeccionados de forma industrial, não são desenvolvidos sob medida para uma cliente em especial.

Embora os preços das peças sejam altíssimos, o negócio da alta-costura representa números relativamente pequenos no universo da moda. No entanto, ele funciona como um importante instrumento estratégico, pois contribui para a manutenção do renome das marcas e reforça suas imagens de grandes criadoras, lançadoras de belas inovações e capazes de atender a critérios rigorosíssimos de qualidade.

Em um mundo globalizado, de comunicação instantânea, os lançamentos de alta-costura alcançam repercussão mundial entre clientes potenciais, admiradores e interessados em moda, imprensa e formadores de opinião, o que confere grande visibilidade às *maisons*. Assim, se o retorno financeiro trazido por essas coleções não é tão representativo, o valor que elas conquistam para as marcas acaba se refletindo nos demais produtos oferecidos por elas, tornando-os, de forma indireta, ainda mais desejados.

Outros países criaram suas próprias denominações locais equivalentes à alta-costura. A Itália adota, desde 1953, o termo protegido "alta moda", cujo uso é regulado pelo Sindacato Italiano de Alta Moda. Os Estados Unidos têm sua High Fashion.

A JOALHERIA

Talvez a joia seja o objeto que melhor materializa e sintetiza alguns dos atributos mais associados do conceito de luxo: alto valor, nobreza dos insumos empregados, raridade, beleza, longevidade... Afinal, o que pode ser mais raro e belo que uma pedra preciosa? Que matéria-prima pode ser mais nobre que o ouro ou a platina? Que outro produto se conserva tão indelével, com sua beleza original, ao longo de décadas, até de séculos?

Além de seu valor intrínseco, aquele decorrente do que ela representa fisicamente, a joia é plena de valores subjetivos, intangíveis, carregando consigo significados profundos. Um deles é que ela realiza o desejo humano da permanência, em contraste com a vida, essencialmente transitória, efêmera. Embora às vezes incorpore tendências da moda em seu *design*, ela pode atravessar gerações, contando histórias, testemunhando o correr dos anos e voltando a brilhar em sua plenitude com um simples polimento e algum carinho.

Outro aspecto simbólico associado à joia é sua capacidade de perpetuar momentos felizes, que sonhamos inesquecíveis. O ato de dar ou receber uma peça de joalheria sempre envolve muita emoção, pois presentear com uma joia é uma forma de expressar amor — a outra pessoa ou a si próprio, em um gesto de autoestima —, para registrar e celebrar uma grande conquista pessoal ou profissional, por exemplo.

Mas uma joia é sempre um objeto de luxo? Levando-se em conta apenas o emprego de metais e pedras preciosos, é possível considerar que sim. Porém, sabe-se que um item de luxo envolve muito mais que seu valor intrínseco ou funcional: ele abrange exclusividade, desenho apurado, qualidade excepcional, confecção predominantemente artesanal, embalagem sedutora, marca respeitável, uma história encantadora... Aspectos nem sempre objetivamente percebidos que resultam, somados, na percepção do luxo.

Nesse universo das joias de luxo genuíno destacam-se peças que denominamos "alta joalheria". À diferença da joalheria mais simples, que admite a reprodução em grandes séries, por processos mecânicos, a alta joalheria implica raridade e produz verdadeiras obras de arte. Ela emprega pedras preciosas extraordinárias, envolve *designers*, ourives, lapidadores e cravadores excepcionais, que se ocupam em criar, manualmente, peças exclusivas.

Sobre as gemas, não é exagero dizer que cada uma delas é única. Resultante de uma série de eventos químicos e físicos ocorridos ao longo de milhões de anos, cada pedra preciosa tem sua identidade. Isso explica a complexidade que envolve a confecção de um par de brincos de grandes esmeraldas, por exemplo, e é um dos motivos de seu alto custo. Trata-se de um desafio obter duas pedras de coloração, qualidade, dimensões e formatos semelhantes.

Mesmo em um colar ou anel de alta joalheria, muitas vezes a gema principal utilizada é tão fora de série que toda a criação se dedica a buscar a melhor forma de extrair-lhe todo o seu potencial de beleza. O estilo e o formato da lapidação eleitos também procuram favorecer sua "vocação", pois, em tal pedra de alto valor e excepcionalmente rara, um corte que reduza suas dimensões além do estritamente necessário ou que prejudique a incidência da luz que realça a cor pode ser considerado um crime.

Mas não é só com as pedras preciosas que uma peça de alta joalheria busca a perfeição. De qualquer ângulo que se observe, a harmonia das formas está presente. E, muitas vezes, a joia esconde prazeres reservados somente a quem a possui — acabamento interno impecável, conforto no contato com o corpo, pequenas gemas cravadas no interior dos aros de anéis, detalhes quase invisíveis nos fechos de colares, assinaturas de *designers* ou da marca charmosamente escondidos.

Logicamente, um joalheiro de prestígio não desenvolve apenas itens de alta joalheria. Ele pode e deve criar peças de valores variados, que atendam a momentos diversos de um mesmo consumidor e que também atraiam diferentes consumidores. O essencial é que, em todas elas, esteja presente a personalidade, a qualidade, o rigor na confecção, a beleza — em síntese, todos os atributos que o cliente espera da marca e com os quais ele se identifica.

Para tornar clara a diferenciação, grande parte dos mais importantes joalheiros no cenário mundial adota duas linhas diferentes de produtos, sob as denominações "joalheria" e "alta joalheria". Esse procedimento atende à necessidade de horizontalizar as vendas, de aproximar a marca da rotina de seus clientes e das tendências da moda, e, o mais importante, de conquistar consumidores mais jovens, renovando sua clientela com indivíduos com potencial para, no futuro, se tornarem clientes das coleções de alta joalheria. Em resumo: contribui para a permanência da marca ao longo do tempo, assim como a joia, que segue bela e eternamente jovem.

Tem chamado atenção no mercado joalheiro mundial o surgimento recente de um grande número de negócios e sua aproximação crescente com a moda. Nesse cenário, muitas marcas tradicionais de vestuário e acessórios de moda de luxo investem cada vez mais no lançamento de coleções de joias, como já acontece com Dior, Chanel, Louis Vuitton e Hermès, entre outras.

A RELOJOARIA

Os produtos de luxo envolvem valores que os afastam do raciocínio puramente utilitarista. Nesse universo, não é a função que determina o valor do objeto. Caso fosse, o que justificaria a compra de um relógio cujo preço pode chegar aos seis dígitos se as horas podem ser conferidas com precisão similar em um exemplar de 50 dólares?

No tocante aos modelos de luxo, existe a chamada alta relojoaria. Relógios que merecem essa classificação têm seu berço e mais respeitada origem na Suíça, e envolvem basicamente duas categorias: os modelos "complicados" (*complicated watches*) e os relógios-joia.

Os relógios complicados são aqueles que oferecem ao usuário qualquer informação além das horas, minutos e segundos. Logo, um calendário ou um segundeiro em exibição independente já representam complicações. E o elenco de sofisticação, como alguns as denominam em português, é bastante vasto. Nele desfilam indicadores de fases lunares, de signos do Zodíaco, mecanismos requintadíssimos expostos sobre fundos de safira transparente, cronógrafos, *flybacks*, *tourbillons* atenuadores do efeito da força da gravidade, calendários perpétuos, tudo arrematado por *designs* primorosos. Tais peças, verdadeiras obras de arte, são frequentemente elaboradas do início ao fim por um único mestre relojoeiro, que pode levar meses até a conclusão do trabalho, e os exemplares mais sofisticados utilizam metais nobres, como o ouro e a platina.

Para os apreciadores dos relógios complicados, além da beleza e da credibilidade de que desfruta sua marca, conta o prazer de apreciar e entender a riqueza dos mecanismos, a arte da precisão e da minúcia, a beleza das formas, a valorização da elaboração por mãos humanas, o desejo de compartilhar informações com outros amantes do assunto. De hábito, a paixão por essa "relojoaria arte" cresce com a elevação do conhecimento sobre o assunto, tal como acontece com a maioria dos itens do universo do luxo. Trata-se de um mundo para apaixonados, conhecedores e colecionadores.

Os chamados relógios-joias, como denota o nome, são aqueles que utilizam metais e pedras preciosas, incluindo ou não complicações técnicas. Há modelos com aros, mostradores e até pulseiras cravejados de diamantes ou pedras de cor. Outros, mais minimalistas, utilizam esses adornos de forma mais discreta.

O mercado de relógios de luxo vem passando por algumas transformações, impostas pela chegada ao mercado dos *smartwatches*. Os "relógios inteligentes" oferecem tecnologia digital de ponta, com funções como conectividade, possibilidades de customização do *layout* do mostrador e das informações a serem exibidas, monitoramento de funções vitais e comunicação com outros equipamentos, entre muitas outras. São atrativos bem diversos dos que se busca em um relógio suíço tradicional.

Diante desses novos concorrentes, já há marcas suíças de grande prestígio, como Bulgari, Montblanc e Tag Heuer, incluindo em seus modelos de alta relojoaria novas complicações tecnológicas digitais. Essa é uma demonstração de que é possível conciliar as duas vertentes. E, em abordagem diversa das tradicionais marcas, é crescente a aproximação entre a relojoaria e a moda, de forma similar à que tem acontecido com a joalheria. A tendência é demonstrada pela importância crescente conferida às linhas de relógios, incluindo *smartwatches*, por marcas mais conhecidas pelas peças de vestuário e acessórios de luxo. São exemplos Dior, Chanel, Hermès e Louis Vuitton, entre outras.

No momento atual da relojoaria, observa-se que, de um lado, o luxo tradicional se rende a alguns recursos do mundo digital, procurando aliar a eles sua afinidade com a arte manual. E, de outro, a tecnologia digital se rende a traços próprios da relojoaria tradicional de luxo, introduzindo em alguns modelos até caixas em ouro 18 quilates, e à moda, com pulseiras assinadas por marca de acessórios de alta qualidade, como a francesa Hermès.

Cada um à sua maneira, tanto os *smartwatches* de alto padrão quanto os exemplares modernos das marcas suíças tradicionais e aqueles mais vinculados às marcas de moda, todos exibem aspectos subjetivos do consumo de luxo: beleza, alto valor, exclusividade, qualidade e uma boa dose de *status*. Talvez essa mistura contribua para criar nos consumidores mais jovens, mais afeitos a usar os *smartphones* também para ver as horas, o hábito dos instrumentos de pulso.

Como o futuro é digital e a inovação tem se mostrado ingrediente importante no universo do luxo, cabe às marcas adaptação à nova realidade do mercado relojoeiro, aliando-a à valorização de sua tradição.

O TURISMO E A HOTELARIA

O luxo tem parcela expressiva no universo do turismo, com indivíduos que gastam em média oito vezes mais que um viajante tradicional, segundo o relatório da International Luxury Travel Market (ILTM) de 2011, disponível em <guiame.com.br>. E, nesse segmento, vem se observando uma nova motivação para os deslocamentos com fins de lazer: a busca de sensações inusitadas e exclusivas — é o turismo de experiências de luxo.

Hotéis de grande conforto e renome em destinos consagrados convivem agora com opções mais despojadas, que oferecem, no entanto, doses extras de emoção, vivência de outras culturas e maior valorização da sustentabilidade. A atração por destinos exóticos tem colocado países como Croácia, Tunísia, Bósnia, Marrocos, Tanzânia, Omã e outros no cenário mundial do turismo de luxo.

Alguns dos visitantes sonham em viver como os habitantes locais em seus destinos e encontram opções como hospedar-se com tribos asiáticas em casas comunais de madeira à margem dos rios. Pouco conforto para os padrões tradicionais, mas há a possibilidade de experimentar a rotina e o ambiente inteiramente diversos dos habituais, convivendo com os anfitriões.

Também se destacam países do continente africano, como Camarões, Guiné e Namíbia, com a oferta de cabanas para hospedagem em locais remotos, com acesso unicamente por helicóptero e pouca presença humana. Desfruta-se de paisagem exótica, fauna exuberante, porém com conforto garantido em uma sofisticação despojada — luxuosa a seu modo.

Merecem registro também hotéis sazonais construídos no gelo na Suécia; iglus de vidro encrustados na neve para assistir à aurora boreal de dentro do quarto na Finlândia; hotéis em cavernas naturais nos Estados Unidos; acomodações envidraçadas submersas no mar na Tanzânia, com a visão dos seres marinhos; hospedagens no interior de vinícolas.

Já é possível, em alguns países, alugar um submarino de passeio, e as jornadas turísticas espaciais já se anunciam como próximo passo para viajantes abastados em busca de aventura. Um mundo de novas possibilidades se apresenta aos negócios voltados para o turista de alto padrão.

Parque Nacional dos Lençóis Maranhenses,
Maranhão, Brasil, 2011

OS PERFUMES

As fragrâncias, assim como os cosméticos, são importantes "itens de entrada" para as marcas de luxo. Isso significa que, frequentemente, são elas as responsáveis por criar a primeira aproximação com novos consumidores, em uma relação que pode evoluir, com o tempo, para outros produtos de valor mais elevado.

Esses são também artigos de grande atratividade para os "excursionistas", aqueles consumidores eventuais, que não dispõem de recursos para compras repetidas e de valor mais elevado, mas que admiram e desejam os produtos de determinada marca. Ainda que não possam adquirir uma bolsa, por exemplo, esses consumidores têm a possibilidade de comprar um batom, uma fragrância, um creme ou esmalte da mesma marca, que representam os atributos que nela admiram — luxo a preços possíveis. Além desses consumidores eventuais e dos clientes novatos, os clientes fiéis das marcas de luxo são, naturalmente, grandes compradores desses produtos.

Embora muitas vezes ligados a marcas de moda, os perfumes desfrutam de permanência mais prolongada no mercado que as coleções de vestuário, por exemplo. No entanto, a dinâmica de lançamento das fragrâncias é hoje bem mais acelerada que no passado, quando um perfume era mantido em produção e evidência por décadas. Hoje há centenas de novidades a cada ano, considerando apenas as marcas de luxo. Esses novos produtos são respaldados por campanhas publicitárias vultosas, investimento que é, proporcionalmente, muito superior ao das coleções de moda, por exemplo.

Segundo Jean-Claude Ellena, responsável pelos perfumes da *maison* Hermès entre 2004 e 2016, mesmo com esse alto investimento em divulgação, a avaliação do sucesso de um perfume só é possível seis meses após o lançamento, quando deve ocorrer o primeiro reabastecimento dos pontos de venda (Ellena, 2013).

E, entre tantos perfumes lançados, alguns poucos clássicos se firmam. Esse é o caso do Chanel Nº 5, o preferido de Marilyn Monroe, lançado em 1921 e que permanece em produção com pequenas alterações na embalagem.

A arte da elaboração de perfumes nasceu no Egito, por volta de 2000 a.C., tendo como clientes os faraós e os membros importantes da corte. Seu uso foi difundido pelo mundo ao longo do tempo, mas foi na França, a partir do século XIV, que ocorreu o grande desenvolvimento dessa indústria. O país continua a ser a referência máxima no segmento, tendo Grasse como paraíso da perfumaria de luxo.

Da cidade de 52 mil habitantes saem essências de aromas que farão parte de perfumes de marcas como Chanel, Van Cleef & Arpels, Givenchy, Thierry Mugler, Estée Lauder, Hermès, Dior. Jasmim-da-espanha, rosa centifólia, flor de laranjeira, íris, jacinto, violeta, lírio, rosa damascena da Bulgária, rosa damascena da Turquia, jasmim sambac... Em Grasse, um entre cada 12 habitantes depende diretamente da indústria dos aromas, que alimenta também o turismo. Além dos campos de flores, fica também na cidade o Museu Fragonard, dedicado à história da perfumaria.

Um bom perfume é um presente para quem o "veste" e também para aqueles que estão à sua volta. Não bastasse o impacto momentâneo, a impressão causada por uma fragrância de qualidade pode permanecer para sempre associada a determinada pessoa, já que o olfato é considerado o sentido mais ligado às nossas emoções e à memória.

Essas percepções aromáticas são resultado não só da mistura artística e técnica de álcool com as principais famílias olfativas (cítricos florais, florais aldeídos, *fougère*, Chipre florais, orientais florais, couros secos, aldeídos florais e aromáticos secos e frutados), são igualmente fruto da interação entre a escrita concebida pelo perfumista e nossos próprios odores. Portanto, o perfume que cada um exala é sua assinatura olfativa, muito pessoal.

Esse caráter tão individual das fragrâncias, aliado à busca crescente de exclusividade, de personalização, tem levado a novos modelos de negócios no segmento. Em paralelo à indústria da perfumaria de luxo tradicional, marcas consagradas, como Chanel, Dior e Guerlain, têm apostado em perfumes exclusivos, sob medida para seus clientes mais exigentes e abastados. Também se tornam cada vez mais comuns e importantes as "perfumarias de nicho", que se dedicam ao desenvolvimento de fragrâncias personalizadas segundo o gosto de cada cliente.

Os "narizes", como são chamados os perfumistas, chegam a reunir em uma única escritura olfativa algo em torno de 300 matérias-primas da vasta paleta de aromas, concretizando um processo criativo que pode levar mais de um ano. Tudo para nos proporcionar um prazer a ser vivido no instante e permanecer na memória.

Como reflete Jean-Claude Ellena, o perfume "nada mais é do que emoção" (Ellena, 2013:115).

Essências, Cinquième Sens,
Paris, França, 2014

AS BOLSAS FEMININAS

Os acessórios desempenham papel notável no universo internacional da moda de luxo. Entre eles, a bolsa se destaca, muitas vezes mencionada como o item mais pessoal do vestuário feminino atual. Muito além de sua função de acomodar pertences, acredita-se que seu estilo ajuda a definir a personalidade da mulher, ao mesmo tempo que reproduz uma tendência de moda. E muitas consumidoras a consideram uma extensão de sua própria identidade, que pode depor acerca de algumas de suas características individuais (NPD Group, 2016 *apud* King, 2016).

A forte relação entre as mulheres e as bolsas vem de longa data, embora nem sempre a bolsa tenha sido considerada um objeto feminino — os primeiros exemplares dos quais se tem registro eram feitos de couro ou tecido e usados principalmente pelos homens, para carregar valores e moedas (Foster, 1982). Eles estão presentes em antigos hieróglifos egípcios e até na Bíblia. Mais tarde, nos séculos XIV e XV, quando não havia ainda bolsos nas roupas, pequenas bolsas presas aos cintos eram usadas por homens e mulheres (Wilcox, 1999).

O tempo se encarregou de reforçar a ligação desses acessórios com o universo feminino. Os vestidos volumosos usados nos séculos XVI e XVII passaram a esconder, sob eles, os "bolsos de coxa". Eram pequenas bolsas, que ganharam esse nome porque usadas aos pares, uma em cada lado do quadril, acessíveis através de aberturas laterais nos trajes.

Mas o século XVIII trouxe vestidos mais retos e justos, e neles não havia espaço para abrigar as bolsas (ou bolsos) de coxa. Surgiu então a "retícula" (*réticule*, em francês), que era suspensa por uma corda ou corrente. Desacostumados à novidade, muitos franceses se referiam às mulheres que usavam essas bolsinhas com um trocadilho: chamavam-nas de *ridicules* ("ridículas").

Feitas à mão, frequentemente por suas próprias usuárias, as retículas continuaram na moda até as primeiras décadas do século XIX (Wilcox, 1999). Elas eram também chamadas *indispensables* ("indispensáveis") pelos ingleses, sugerindo que as mulheres já haviam desenvolvido, na época, certa dependência de suas bolsas (Steele e Borrelli, 1999).

A Revolução Industrial, no século XIX, trouxe maior facilidade de locomoção em barcos ou trens. As mulheres também ganharam mais mobilidade, e fabricantes de bagagens adaptaram seus produtos, que atendiam às viagens a cavalo, para as novas formas de deslocamento. Foi nesse contexto que surgiu o termo "bolsa de mão" (*handbag*, em inglês), primeiramente utilizado para descrever essas novas bagagens, que eram carregadas manualmente (Steele e Borrelli, 1999).

As bagagens de mão foram as precursoras das bolsas femininas atuais, nas quais é possível notar facilmente elementos de *design* herdados dessa origem: bolsos, fivelas, molduras, fechaduras e chaves. E muitos dos nomes mais representativos na indústria atual de bolsas de luxo começaram como fabricantes de malas e acessórios de couro. São exemplos a Hermès, fundada em 1837 por um fabricante de arreios e selins, e a Louis Vuitton, cujo fundador era empacotador de bagagens de parisienses abastados (Steele e Borrelli, 1999).

Ao longo do século XX, as bolsas passaram por inúmeras transformações, tendo a emancipação da mulher e sua presença crescente no mercado de trabalho como um de seus principais fatores de influência. Nasceram modelos destinados a novas necessidades, como as carteiras de documentos para o escritório, as bolsas práticas para uso diário, outras mais elegantes, para eventos especiais, e exemplares menores, em materiais mais nobres, para a noite. As bolsas foram alçadas à condição de item de moda (Steele e Borrelli, 1999; Wilcox, 1999; Foster, 1982; Tassenmuseum, s.d.).

Porém, como o luxo flerta com a tradição, certos modelos tornam-se verdadeiros ícones, que resistem à moda passageira e permanecem ganhando variações de cores, texturas e até estampas, de acordo com as coleções das diversas marcas. Alguns desses clássicos tornaram-se o que hoje denominamos *it bags*, desejos de consumo de muitas mulheres.

São exemplos a Birkin (Hermès, 1990), rebatizada nos anos 1980 com o sobrenome da cantora e atriz Jane Birkin; a Kelly, (também Hermès, 1935), rebatizada em 1956 em homenagem à princesa Grace; a Louis Vuitton Speedy (década de 1930); o modelo com alças de bambu (Gucci, 1947), lançado no pós-guerra, quando o couro tornou-se caro e escasso; a Jackie (também Gucci, 1950), que em 1960 ganhou seu nome atual em alusão à então sra. Kennedy; a 2.55 (Chanel, 1955), inspirada nas botas dos jóqueis; a Lady Dior (1995), cujo nome presta tributo à Lady Di; e a Baguette (Fendi, 1997), celebrizada pela personagem Carrie Bradshaw, da série de TV *Sex and the City* (*Glamour*, 2016).

Hoje, as bolsas femininas estão consolidadas como elementos-chave para o posicionamento internacional de mercado das marcas de luxo que, segundo a consultoria Bernstein Research, as utilizam como oportunidade de diferenciação dos seus concorrentes (Solca e Wing, 2009). Além disso, as marcas vêm recorrendo a tais acessórios, que repetidas vezes alcançam vendas mais altas que os itens de vestuário, para adentrar novos mercados (Chevalier e Mazzalovo, 2008).

AS COLEÇÕES DE MOEDAS

Entre as atividades relacionadas ao universo do luxo, o colecionismo se mostra uma das mais intrigantes. Um dos motivos é que, diferentemente da maioria das outras, ele representa um prazer muitas vezes solitário, apreciado longe do convívio social ou apenas em pequenos círculos de apaixonados por determinado assunto. Outro motivo é que, com frequência, as coleções não envolvem marcas reconhecidas internacionalmente, como acontece com a maioria dos demais itens de luxo.

No mundo das coleções, uma modalidade que parece ainda mais enigmática é a de moedas. Trata-se de uma paixão bastante difundida em muitos países e inclui exemplares comemorativos, alguns confeccionados em ouro, com a destinação específica de se tornarem peças de colecionador ou presentes altamente exclusivos. Algumas dessas moedas são disponibilizadas em séries limitadas e podem ser gravadas e polidas individualmente. É o caso das chamadas moedas *proof*, belíssimas peças de fundo espelhado e relevo fosco que exibem riqueza de detalhes e acabamento excelente, como convém aos itens de luxo. Delicadíssimas, elas são manuseadas por artesãos usando luvas e encapsuladas individualmente em plástico para garantir a proteção. Já nascem extremamente valiosas, não somente pela sua raridade, mas também pelo valor intrínseco, já que são elaboradas em metais nobres, e pelo caráter artesanal de sua produção.

É importante saber que a numismática e o colecionismo são práticas diferentes. Enquanto a primeira se dedica ao estudo das moedas, a segunda se relaciona à sua posse. De qualquer forma, as duas atividades costumam andar juntas, já que muitos estudiosos são também colecionadores, e muitos colecionadores se tornam também pesquisadores do assunto. O hábito de colecionar moedas começou no Império Romano, mas a numismática só surgiu durante o Renascimento. Ambas incluem, entre seus interesses, além das moedas, que têm necessariamente valor como dinheiro, também as medalhas, que têm função apenas comemorativa.

Para quem domina o tema, essas peças são consideradas verdadeiros documentos históricos. Elas podem dizer muito sobre o povo que a originou: a forma de governo, língua, religião, o regime de comércio e a situação da economia na época. Até o grau de sofisticação de uma sociedade pode ser avaliado pelo método de cunhagem utilizado. Essas enormes possibilidades de descoberta as tornam ainda mais fascinantes e fontes de cultura geral para os apaixonados. Além do valor histórico e como *hobby*, muitos consideram essas coleções uma forma de investimento, já que moedas e medalhas tendem a se valorizar com o tempo e, dessa forma, trazer lucro para os colecionadores em futuras revendas.

PARTE IV

O BRASIL E O LUXO

SEGMENTOS E MARCAS RELEVANTES

O Brasil, mercado jovem se comparado aos europeus, por exemplo, não tem grande tradição no desenvolvimento e oferta da maioria dos itens de luxo. A própria cultura local de apreciação do luxo é recente, e a maior parte dos produtos do segmento consumida no país é ainda de origem estrangeira — e, com frequência, adquirida no exterior.

Considerando o alto grau de internacionalização que caracteriza a maioria das empresas e marcas de luxo (Strehlau, 2008; Passarelli, 2010), a notoriedade e o consumo de produtos do segmento no Brasil só experimentaram crescimento expressivo após a liberalização das importações, a partir de 1988. Essa determinação incluía a redução de barreiras tarifárias e não tarifárias e do grau de proteção da indústria local (Averbug, 1999).

No processo de expansão do mercado de luxo no Brasil, o setor automobilístico foi o pioneiro. Em 1990, no governo de Fernando Collor de Mello, as importações de carros, proibidas desde 1976, foram liberadas. Um mercado que oferecia na época apenas veículos das marcas Chevrolet, Fiat, Volkswagen e Ford passou a receber nomes do mundo inteiro. Os modelos luxuosos recém-chegados revolucionaram um mercado em que as opções mais sofisticadas disponíveis ficavam mui-to aquém das estrangeiras — tanto em tecnologia quanto em conforto (Sodré, 2010).

Um pouco depois, em 1994, no governo Itamar Franco, o Plano Real intensificou a abertura comer-cial, criando espaço para outros segmentos (Wikipedia, 2017). Hoje, encontram-se no país as marcas de luxo mais emblemáticas do mundo em segmentos como automóveis, roupas, acessórios, reló-gios, joias, cosméticos, perfumes, bebidas finas, entre muitos outros. Marcas internacionais de servi-ços de luxo também estão agora representadas. Grandes redes hoteleiras foram atraídas para o país, assim como nomes internacionalmente reconhecidos da gastronomia e até de spas.

Apesar da predominância de marcas estrangeiras, elas não estão sozinhas. Há segmentos com nomes verdes e amarelos construídos no universo do luxo muito antes que os produtos importados pudessem ser comercializados oficialmente no país. Esse é o caso da alta joalheria. A profusão e a qualidade das pedras preciosas encontradas no país e o desenvolvimento do *design* nacional estimularam o surgimento e a consolidação de marcas que, há décadas, desfrutam de grande prestígio. São exemplos Sauer e H. Stern, fundadas, respectivamente, em 1941 e 1945. Ambas atraem não só consumidores locais, mas também visitantes estrangeiros, sendo que a segunda possui butiques espalhadas pelo mundo.

Entre os serviços de alto padrão, há igualmente nomes nacionais de grande tradição para os padrões de um país jovem. Na hotelaria e gastronomia, o Grupo Fasano, da família de mesmo nome, que iniciou suas atividades em 1902 e as retomou, depois de um intervalo, em 1937, é um exemplo, com estabelecimentos hoteleiros, restaurantes e bares sofisticados.

Também na hotelaria destaca-se o lendário Belmond Copacabana Palace, que vem hospedando, ao longo do tempo, reis e rainhas, estadistas, atores, atrizes e personalidades do mundo inteiro. O hotel, fundado em 1923 pela família Guinle, passou às mãos do grupo britânico, que lhe acrescentou o primeiro nome e que hoje pertence à LVMH, mas conserva sua essência brasileira e seu estilo arquitetônico clássico na icônica praia de Copacabana, no Rio de Janeiro.

Além dessas marcas já consolidadas, observa-se o surgimento e crescimento de outras mais novas com potencial para se firmar como nomes fortes no luxo. Seria temerária a proposição de listar todas elas. Em primeiro lugar porque, como visto, as percepções sobre o luxo são instáveis, portanto, a marca pode mudar de categoria conforme a maneira segundo a qual é administrada. Em segundo lugar, porque apenas o tempo demonstrará quais delas se consolidarão nesse universo. E, finalmente, porque a lista sempre deixaria alguns nomes importantes, injustamente, de fora. Porém, apenas como exemplos, vale mencionar alguns deles.

Na gastronomia, há estabelecimentos já reconhecidos com estrelas do *Guia Michelin* e outras premiações internacionais, como a inclusão na lista dos 50 melhores do mundo pela revista britânica *Restaurant*. Destacam-se, em São Paulo, o D.O.M., sob o comando de Alex Atala, e o Maní, de Helena Rizo. No Rio de Janeiro, o Oro, chefiado por Felipe Bronze. E, fora do eixo Rio-São Paulo, em Belém do Pará, o Remanso do Bosque, sob a batuta de Tiago Castanho. Mas a lista de promessas é bem mais extensa.

Convém notar uma característica cada vez mais comum entre os restaurantes brasileiros premiados e outros excelentes do segmento: a (re)valorização de ingredientes e temperos tipicamente nacionais em seus cardápios. Num país com tal extensão territorial e uma variedade tão grande de culturas, climas e, consequentemente, sabores e aromas, parece mesmo natural que a arte gastronômica enalteça paladares antes restritos aos pratos da chamada "baixa gastronomia" de forma mais sofisticada. Essa atitude parece apontar para a maior confiança dos *chefs* e empresários brasileiros na consolidação de uma gastronomia de luxo genuinamente brasileira.

No que tange à hotelaria e ao turismo, florescem alguns nomes relevantes, como o Hotel Emiliano, presente no Rio de Janeiro e em São Paulo, o Unique, em São Paulo, o *resort* Ponta dos Ganchos, em Santa Catarina, entre outros, além de empreendimentos exclusivos, de luxo mais despojado, com pequeníssimo número de acomodações. No turismo, merece menção a agência Teresa Perez, fundada em 1991 e especializada em viagens de alto padrão, incluindo experiências em destinos exóticos pelo mundo e viagens voltadas para a sustentabilidade ambiental.

No segmento de moda e acessórios, há Patricia Bonaldi, Sandro Barros, Lethicia Bronstein, Reinaldo Lourenço, Ricardo Almeida, Gloria Coelho, Alexandre Birman, entre outros. Na joalheria, nomes como Antonio Bernardo, Carla Amorim e Ara Vartanian. Entre os luxos para a casa, a catarinense Riva, que cria e confecciona artigos finos em prata e aço.

Na indústria da aviação, há representantes importantes, embora isolados: a Helibrás fabrica helicópteros de uso civil e responsável pela montagem, venda e pós-venda de aeronaves do Grupo Eurocopter, maior fornecedor mundial do setor. A Embraer, além da aviação militar, comercial e agrícola, fabrica jatos executivos na cidade de São José dos Campos, São Paulo. No segmento náutico, a Intermarine, fundada em 1973, produz lanchas de passeio.

Entre as bebidas finas, há o espumante Chandon, produzido no estado do Rio Grande do Sul pela Maison Moët & Chandon (Grupo LVMH) desde 1973. E, entre as genuinamente brasileiras, destacam-se as vinícolas Salton, Aurora, Valduga, Miolo e Lídio Carraro, que oferecem alguns rótulos especiais de alta qualidade.

Ainda no que se refere às bebidas finas, cabe registrar a importância de um luxo brasileiríssimo: a cachaça, cada vez mais valorizada e apreciada pelos mais exigentes e requintados paladares, mesmo fora do país. Resultado da destilação do caldo fresco de cana-de-açúcar fermentado (garapa), a cachaça é hoje uma denominação protegida, de forma semelhante à que ocorre com a champanhe e o conhaque, cuja utilização é reservada a bebidas produzidas e engarrafadas nas regiões francesas que levam seus nomes, e também dos *scotch,* uísques que devem ser, de fato, escoceses. Assim, apenas o destilado de cana produzido no Brasil e com teor alcoólico entre 38% e 48% a 20 graus centígrados pode ser chamado "cachaça".

Algumas cachaças artesanais alcançam qualidade elevada. Envelhecidas em barris de madeiras como o carvalho ou o bálsamo por até 18 anos, são produzidas em edições limitadas, numeradas como obras de arte e apresentadas em embalagens sedutoras. Entre as mais valorizadas, para citar apenas algumas, estão a gaúcha Weber Haus 12 Anos Lote 48, a mineira Vale Verde 18 anos, a também mineira Vale Verde 12 anos Edição Presente, a gaúcha Velho Alambique Cenário Edição Limitada, a fluminense Rochina 12 anos, a Havana, considerada uma das precursoras da internacionalização da cachaça. E há, ainda, a mineira Prazer de Minas Celebration, engarrafada em cristal da tradicional marca alemã Bohemia e oferecida também em refis, o que estimula a reutilização da garrafa, que é praticamente uma joia.

As indústrias de relojoaria, perfumaria, cosméticos e veículos automotivos de luxo não possuem marcas locais, embora haja no país fábricas de marcas como as alemãs Audi, BMW, Mercedes-Benz, Volkswagen e a britânica Land Rover, esta última com produção de alguns modelos de luxo e utilitários *premium*.

TRAÇOS REGIONAIS

Alguns aspectos de caráter local impactam os negócios de luxo no Brasil, e os empresários e profissionais ligados ao setor, nacionais ou estrangeiros, devem estar preparados para lidar com eles e superá-los. Um deles são as altas tarifas impostas aos itens da categoria. A maior parte desses produtos é de procedência estrangeira e, portanto, sujeita a altas alíquotas de importação. Além disso, por serem supérfluos, incorrem também sobre esses itens outros tributos elevados, que os oneram substancialmente. Portanto, muitas vezes são praticados em território brasileiro preços superiores aos observados em outros países para os mesmos produtos.

Os preços mais altos incentivam os consumidores a adquirir os mesmos produtos em viagens ao exterior, o que restringe as vendas em território nacional. Na intenção de reverter esse quadro, algumas marcas vêm optando por diminuir suas margens de lucro em suas operações no Brasil, como forma de compensar as diferenças e tornar mais atrativa a compra no país.

Outro aspecto é a carência de profissionais especializados no atendimento ao cliente de alto padrão. A oferta de cursos profissionalizantes e de nível superior dedicados aos negócios de luxo, como a hotelaria e a gastronomia, por exemplo, é recente e nada abundante. Somando-se a isso, não há muitos indivíduos dotados do conjunto de talentos e capacitações requeridas para sua boa performance disponíveis no mercado, inclusive para a área comercial.

Para selecioná-los e formá-los, são necessários investimentos consistentes por parte das empresas. E o treinamento inicial, obviamente, não é suficiente. De forma a garantir a manutenção dos níveis de qualidade e informação das equipes, são necessárias reciclagens periódicas, a fim de que os conhecimentos técnicos e os conceitos da marca estejam sempre atualizados e não se diluam com o tempo.

A formação de profissionais para atendimento em negócios dessa natureza deve ser encarada como um investimento de médio a longo prazo. E também é necessária a adoção, pelas empresas, de mecanismos que incentivem a permanência dos reais talentos em seus quadros, a fim de evitar investimentos recorrentes em capacitação e facilitar a construção de relacionamentos de confiança com os clientes, decisivos para o sucesso continuado das marcas de luxo.

Ainda em relação a recursos humanos, o setor também enfrenta a carência de profissionais especializados na confecção dos produtos. A elaboração de itens de luxo genuíno envolve trabalho artesanal e grande *expertise*. O treinamento de especialistas capazes de produzir uma peça com perfeição pode levar anos, até que eles estejam totalmente aptos a assumir essa responsabilidade. E é comum que um produto seja desenvolvido do início ao fim por um só artesão. Do mesmo modo que acontece com os profissionais responsáveis pelo atendimento ao cliente final, a formação desses especialistas requer o investimento de recursos financeiros, de tempo e, em paralelo, a criação de incentivos à sua permanência nas empresas. O imediatismo definitivamente não combina com a condução de negócios de luxo.

Outra característica do mercado brasileiro de luxo diz respeito aos seus consumidores. Ao contrário do que acontece em países como Estados Unidos, França e Itália, por exemplo, que atendem indivíduos do mundo inteiro, os negócios de luxo, especialmente os de varejo, no Brasil têm os consumidores locais praticamente como seu único público. Esse fenômeno pode ser creditado aos preços praticados no país, que são, muitas vezes, superiores aos adotados pelas mesmas marcas em outros mercados.

Uma das exceções nesse cenário são as joalherias de marcas nacionais. Desfrutando de fama mundial pela profusão, qualidade e beleza de suas pedras preciosas, as joias brasileiras atraem muitos estrangeiros. Como são produzidas localmente, não estão sujeitas às taxas de importação, o que resulta em preços mais equilibrados com os praticados para produtos similares em outros países. Outra exceção são os empreendimentos hoteleiros e os restaurantes, que recebem viajantes de todo o mundo em visitas de trabalho ou lazer. Para consumidores em visita ao país, naturalmente é necessário contratar localmente esses serviços.

Cabe ainda mencionar uma peculiaridade do consumidor brasileiro de luxo. Trata-se da prática de parcelar o pagamento de suas compras. Esse costume, incomum em outras partes do mundo, leva à oferta do parcelamento pelas marcas de luxo, inclusive as de atuação internacional, e acaba por representar alguma vantagem para as compras locais, compensando, de certa forma, os preços mais elevados muitas vezes praticados no país. Junta-se ao parcelamento, na atratividade das compras locais de marcas internacionais, a alta qualidade do atendimento nos pontos de venda e a facilidade de suporte pós-venda no próprio local de compra.

A respeito das denominações de origem controlada, que em muito contribuem para a valorização de produtos de luxo e *premium*, o Brasil é signatário do Acordo de Lisboa, de 1958, que instituiu a proteção internacional das apelações de origem por meio do registro na Organização Mundial de Propriedade Intelectual (Ompi). Os vinhos e aguardentes devem ser registrados na Oficina Internacional da Uva e do Vinho (OIV), com sede em Paris. Posteriormente, foi criada a Lei de Propriedade Intelectual brasileira, que protege a indicação de procedência (nome do local que se tornou conhecido por determinado produto ou serviço) e a denominação de origem (nome geográfico que designa o produto ou serviço em questão).

Em 2017, foram listados pelo Instituto Brasileiro de Geografia e Estatística (IBGE) 53 produtos e serviços brasileiros detentores de selos de Indicação Geográfica (IG). São exemplos de itens consagrados dessa forma e com grande potencial para consolidação no mercado de alto padrão os vinhos e espumantes do vale dos Vinhedos (Rio Grande do Sul), o camarão da Costa Negra (Ceará), a renda do Cariri (Paraíba), as cachaças de Parati (Rio de Janeiro), Salinas (Minas Gerais) e Abaíra (Bahia), o artesanato em estanho de São João del Rey (também Minas) e as opalas e joias artesanais de Pedro II (Piauí), entre outros.

O desenvolvimento e a valorização dessas e de outras riquezas genuinamente brasileiras abrem novas oportunidades para o crescimento do mercado de luxo do país.

Coleção de cachaças, Pousada Reserva do Ibitipoca, Minas Gerais, Brasil, 2015

CONCLUSÃO

A ampliação e atualização dos conhecimentos sobre o universo do luxo, propostas deste livro, abrem caminhos para a iniciação ou o aprimoramento profissional do leitor em um grande número de atividades ligadas ao setor.

Podem também inspirar a gestão e a atuação em muitos outros segmentos. Isso porque a necessidade de diferenciação e de modernização é uma realidade para a maioria das marcas da atualidade, num cenário de ofertas abundantes, de consumidores cada vez mais exigentes e de grandes e rápidas disrupções de conceitos e costumes. E o luxo representa uma rica fonte de tendências para o encantamento de pessoas de todas as classes, idades e estilos. Luxo é sonho. E sonho, cada um tem o seu.

Além disso, é importante lembrar que o luxo contemporâneo reflete o comportamento de indivíduos — sobretudo os mais jovens — que têm buscado nas marcas doses extras de personalidade e de alinhamento com seus próprios propósitos.

A antropóloga Mary Douglas (Douglas e Isherwood, 2013), enfatizando a influência dos aspectos sociais sobre as práticas de consumo, escreveu: "Os bens são neutros, seus usos são sociais; podem ser usados como cercas ou como pontes".

Que as práticas e reflexões aqui apresentadas possam contribuir para a construção de pontes entre os indivíduos e também entre o sonho e a realidade!

BIBLIOGRAFIA

ALLÉRÈS, D. Paradoxo das estratégias de marketing: as marcas de luxo. *Revista ESPM*, v. 6, n. 4, p. 1-15, jul./ago., 1999.

____. *Luxo*: estratégias/marketing. Rio de Janeiro: FGV, 2000.

AVERBUG, A. Abertura e integração comercial brasileira na década de 90. 1999. Disponível em: https://www.bndes.gov.br/SiteBNDES/bndes/bndes_pt/Galerias/Convivencia/Publicacoes/Consulta_Expressa/Setor/Comercio_Exterior/199910_7.html. Acesso em: 18 set. 2016.

BAIN & COMPANY. Luxury Goods Worldwide Market Study Fall-Winter 2016; disponível em: http://www.bain.com/publications/articles/luxury-goods-worldwide--market-study-fall-winter-2016.aspx. Acesso em: 9 mar. 2017.

____. Luxury Goods Worldwide Market Study Fall-Winter 2017. Disponível em: http://www.bain.com/publications/articles/luxury-goods-worldwide-market-study--fall-winter-2017.aspx. Acesso em: 2 maio 2018.

BASTIEN, V. e KAPFERER, J.-N. *The Luxury Strategy:* Break the Rules of Marketing to Build Luxury Brands. Londres: Kogan Page, 2012.

BEARDEN, W. O. e ETZEL, M. J. Reference Group Influence on Product and Brand Purchase Decisions. *Journal of Consumer Research*, v. 9, p. 183-94, sept. 1982 .

BELK, R. Possessions and the Extended Self. *Journal of Consumer Research*, v. 15, p.139-68, sept. 1988.

BERGER, J. A. e HEATH, C. Where Consumers Diverge from Others: Identity Signaling and Product Domains. *Journal of Consumer Research*, v. 34, p.121-134, ago. 2007.

BERRY, C. *The Idea Of Luxury:* A Conceptual and Historical Investigation. Cambridge: Cambridge University Press, 1994, 271p.

BOURDIEU, P. Espaço social e poder simbólico. In: BOURDIEU, *Coisas ditas*. São Paulo: Brasiliense, 2004. p. 149-168.

____. *A distinção*: crítica social do julgamento. São Paulo: Edusc, 2007.

CARVALHO, C.; BRADÃO, L. Cartografias da cópia: estudo sobre o consumo subalterno de bolsas de luxo piratas. *Revista Comunicação, Mídia e Consumo*, São Paulo, v. 9, n. 24, p. 153-178, maio 2012.

CASTARÈDE, J. *O luxo*: os segredos dos produtos mais desejados do mundo. São Paulo: Barcarolla, 2005.

CHEVALIER, M. ; MAZZALOVO, G. *Luxury Brand Management*: A World of Privilege. Toronto: John Wiley & Sons, 2008.

COMITÉ COLBERT. *Histoire*. Disponível em: http://www.comitecolbert.com/histoire.html. Acesso em: 18 jul. 2017.

DOUGLAS, M e ISHERWOOD, B. *O mundo dos bens*: para uma antropologia do consumo. Rio de Janeiro: Editora da UFRJ, 2013.

DUBOIS, B. ; DUQUESNE, P. The Market for Luxury Goods: Income *versus* Culture. *European Journal of Marketing*, v. 7, n. 1, p. 35-44, jan. 1993.

DUBOIS B. e PATERNAULT, C. Observations: Understanding the World of International Luxury Brands, The "Dream Formula". *Journal of Advertising Research*, v. 35, n. 4, p. 69-76, jul./ago. 1995.

____; LAURENT, G. ; CZELLAR, S. Consumer Rapport to Luxury: Analysing Complex and Ambivalent Attitudes. *Consumer Research Working Article*, v. 736, HEC, Jouy-en--Josas, 2001.

ELLENA, Jean-Claude. *Diário de um perfumista*. 1ª ed. Rio de Janeiro: Record, 2013.

FERREIRA, A. *Novo Aurélio século XXI*: o dicionário da língua portuguesa. 3. ed. Rio de Janeiro: Nova Fronteira, 1999.

FOSTER, V. *Bags and Purses*. Londres: B.T. Batsford, 1982 (*apud* Krishna Leather. *Fashion Is in the Bag*: A History of Handbags. Disponível em: /http://www.randomhistory.com/2008/10/01_handbag.html. Acesso em: 7 ago. 2016).

GABINETE, Mac Kinsey. *The luxury industry*: an asset for France. [S.l.]: [s.n.], 1990.

GARCIA, S. C. *La fórmula del lujo*. Madri: LID Editorial Empresarial S.L., 2016.

GHOSH, A. ; VARSHNEY, S. Luxury Goods Consumption: A Conceptual Framework Based on Literature Review. *South Asian Journal of Management*, v. 20 n. 2, abr.-jun. 2013, p.146-159.

HEMETSBERGER, A., VON WALLPACH, S. ; BAUER, M. "Because I'm Worth It": Luxury and the Construction of Consumers' Selves. *Advances in Consumer Research*, v. 40, p.483-489, 2012.

INTERNATIONAL LUXURY TRAVEL MARKET. World Travel Market Trends Report 2011. Disponível em: https://guiame.com.br/vida-estilo/turismo/novos-conceitos-mudam-turismo-de-luxo.html. Acesso em: 24 ago. 2017.

KERING. *History* [S.l.]: [s.n.], [s.d.]. Disponível em: http://www.kering.com/en/group/history. Acesso em: 30 ago. 2016.

KOTLER, P. *Administração de marketing*: análise, planejamento, implementação e controle. 5. ed. São Paulo: Atlas, 1998.

____. *Marketing de A a Z*: 80 conceitos que todo profissional precisa saber. Rio de Janeiro: Campus, 2003.

LEIBENSTEIN, H. Bandwagon. Snob and Veblen Effects in the Theory of Consumers' Demand. *The Quaterly Journal of Economics*, v. 64, n. 2, p.183-207, mai. 1950.

LIPOVETSKY, G. *A felicidade paradoxal*: ensaio sobre a sociedade de hiperconsumo. São Paulo: Companhia das Letras, 2007.

____. *O império do efêmero*: a moda e seu destino nas sociedades modernas. São Paulo: Companhia das Letras, 2009.

____; ROUX, E. *O luxo eterno*: da idade do sagrado ao tempo das marcas. São Paulo: Companhia das Letras, 2005.

MASON, R. S. *Conspicuos Consumption*. Farnborough: Gower, 1981.

MICK, D. ; DEMOSS, M. Self-Gifts: Phenomenological Insights from Four contexts. *Journal of Consumer Research*, v. 17, dez. 1990. Disponível em: https://faculty.comm.virginia.edu/dgm9t/Papers/Mick_and_DeMoss_1990_Self-Gifts_in_Four_Contexts.pdf . Acesso em: 4 ago. 2016.

NPD GROUP. The New Handbag Customer Revealed 2016, *apud* KING, J. Handbags as brand signatures may appease millennials' desire for uniqueness. *Luxurydayly.com*, 11 mai. 2016. Disponível em: https://www.luxurydaily.com/positioning-handbags-as--brand-signature-may-appease-millennials-desire-for-uniqueness/. Acesso em: 9 ago. 2016.

NUENO, J.; QUELCH, J. The mass marketing of luxury. *Business Horizons*, v. 41, n. 6, p. 61-68, nov./ dez. 1998.

PASSARELLI, S. *O universo do luxo*: marketing e estratégia para o mercado de bens e serviços de luxo. São Paulo: Manole Ltda., 2010.

PINHO, J. B. *O poder das marcas*. São Paulo: Summus, 1996.

PROUDHON, P. Disponível em: http://www.citador.pt/frases/o-luxo-pode-definirse-fisiologicamente-a-arte-d-pierre-joseph-proudhon-19483. Acesso em: 1º set. 2016.

REVISTA GLAMOUR. Bolsa de luxo: conheça os modelos mais icônicos da história. 19 mai. 2016. Disponível em: http://revistaglamour.globo.com/Moda/noticia/2016/05/bolsa-de-luxo-conheca-os-modelos-mais-iconicos-da-historia.html. Acesso em: ago. 2016

RICHEMONT. *History*, including Significant Investments and Divestments. [S.l.]: [s.n.], [s.d.]. Disponível em: https://www.richemont.com/about-richemont/history-including-significant-investments-and-divestments.html. Acesso em: 29 ago. 2016.

SHIPILOV, A. ; GODART, F. Luxury's Talent Factories. *Harvard Business Review*, jun. 2015, p. 98-104. Disponível em: https://hbr.org/2015/06/luxurys-talent-factories. Acesso em: 12 dez. 2018.

SODRÉ, E. Há 20 anos, o Brasil reabria os portos aos carros importados. Começava uma revolução. *O Globo*, 31 mar. 2010. Disponível em: http://oglobo.globo.com/economia/ha-20-anos-brasil-reabria-os-portos-aos-carros-importados-comecava-uma-revolucao-3031668. Acesso em 16 jun. 2016.

SOLCA, L. ; WING, M. LVMH: King of the Luxury Jungle. Fashion & Leather Goods, Handbags Are a Pillar of Luxury. Disponível em: http://www.luxesf.com/wp-content/uploads/2009/10/LVMH-King-of-the-luxury-jungle.pdf. Acesso em: 6 jul. 2016.

SOLOMON, M. *O comportamento do consumidor*: comprando, possuindo e sendo. São Paulo: Bookman, 2011.

SPROTT, D.; CZELLAR, S. ; SPANGENBERG, E. The Importance of a General Measure of Brand Engagement on Market Behaviour: Development and Validation of a Scale. *Journal of Marketing Research*, v. 46, p. 92-104, fev. 2009.

STEELE, V. ; BORRELLI, L. *Handbags:* a Lexicon of Style. Nova York: Rizzoli International Publications, Inc., 1999.

STREHLAU, S. *Marketing do luxo*. São Paulo: Cengage Learning, 2008.

TASSENMUSEUM. The History of Bags and Purses. [S.l.]: [s.n.], [s.d.]. Disponível em: http://tassenmuseum.nl/en/knowledge-centre/history-of. Acesso em: 8 ago. 2016.

TWITCHELL, J. In Defense of Materialism. *Across the Board*, mar. 2000.

VEBLEN, T. *A teoria da classe ociosa*: um estudo econômico das instituições. São Paulo: Nova Cultural, 1988.

VIGNERON, F. ; JOHNSON, L. Measuring Perceptions of Brand Luxury. *Journal of Brand Management*, v. 11, n. 6, p. 484-506, jul. 2004.

WIKIPEDIA. Plano Real. 2016. Disponível em: http://pt.wikipedia.org/wiki/Plano_Real. Acesso em 16 jun. 2016.

____. Alta-Costura. 2017. Disponível em: http://pt.wikipedia.org/wiki/Alta-costura. Acesso em: 5 mar. 2017a.

____. Renascimento. 2017. Disponível em: http://pt.wikipedia.org/wiki/Renascimento. Acesso em: 24 ago. 2017b.

WILCOX, C. *Bags*. Londres: V&A Publications, 1999.